The Autobiography of
Benjamin Franklin

富兰克林自传

［美］本杰明·富兰克林／著

Benjamin Franklin

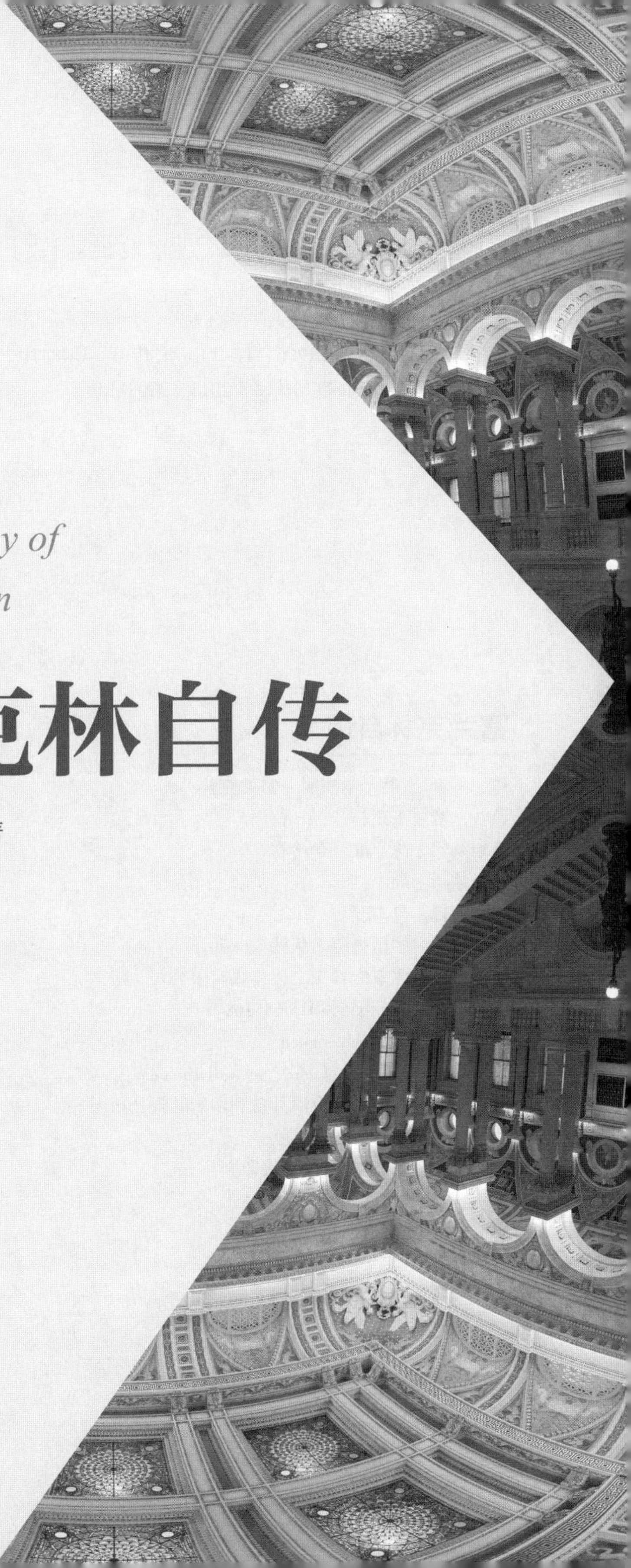

中国青年出版社

图书在版编目（CIP）数据

富兰克林自传 /（美）富兰克林著；王正林，王权译.
—北京：中国青年出版社，2013.5（塑造美国的88本书）
ISBN 978-7-5153-1444-0

Ⅰ.①富… Ⅱ.①富… ②王… ③王…
Ⅲ.①富兰克林，B.（1706～1790）—自传 Ⅳ.①K837.127=4
中国版本图书馆CIP数据核字（2013）第031144号

富兰克林自传

作　　者：[美]本杰明·富兰克林
译　　者：王正林　王权
策划编辑：陈晨　李玲香
责任编辑：周红
美术编辑：夏蕊
出　　版：中国青年出版社
发　　行：北京中青文文化传媒有限公司
电　　话：010-65518035/65516873
公司网址：www.cyb.com.cn
购书网址：zqwts.tmall.com　www.diyijie.com
印　　刷：大厂回族自治县益利印刷有限公司
版　　次：2013年7月第1版
印　　次：2025年7月第16次印刷
开　　本：787×1092　1/16
字　　数：144千字
印　　张：14
书　　号：ISBN 978-7-5153-1444-0
定　　价：25.00元

编者的话

　　1910年，年仅19岁的胡适考取"庚子赔款"第二期官费生赴美留学，就读于康奈尔大学。偶遇美国小学新生开学，胡适难抑好奇跑去旁听，内心受到极大震动。美国启蒙第一课只有一个内容，便是令全体学生宣读誓词："我保证善用我的思辨才能；我保证发展我独立的思想；我保证接受教育，从而使自己能够独立判断。"正是这段誓词，让胡适深刻体会到：美国之所以成为美国，全在于其"独立之精神，自由之思想"，而这一理念成了胡适先生一生坚守的信念。

　　美国，距其建国不过200余年，却已是世界强国。我们不禁要问：这个民族，究竟是如何在这么短的时间内做到经济上飞速发达，政治上游刃有余的？更为重要的是，它如何将这关系国本的"思想与精神"赋予它的民众，令他们秉持信仰、坚守信念？

　　2012年5月，美国馆藏量最大、历史最悠久的国会图书馆遴选出88部对美国社会最具影响力的书籍，定名为"塑造美国的书"（Books That Shaped America）。《飘》、《麦田守望者》、《了不起的盖茨比》、《第22条军规》、《汤姆叔叔的小屋》等历久弥新、耳熟能详的经典名著均入选。这些书籍或曾在当时社会引发争议，或甫一亮相即引起极大轰动，或令人愤慨，或引人怒骂，或发人深思，但仍对美国乃至全世界读者了解美国社会发挥了重要作用。

　　为此，我们引进并翻译出版了这套"塑造美国的88本书"丛书。力争客观、原生态地呈现美国的人文社会、政治制度以及美国历史发展和民主进程，在一个个美国故事中，讲述真实的美国和美国人，宏观展示美国的诞生、成长和强大，美国人自我意识的觉醒和认同。

它们包括：推动北美人民走上公开独立道路的战斗檄文《常识》；成就美国宪法和联邦制度的政治经典《联邦党人文集》；激励无数年轻人的世界上最著名的自传《富兰克林自传》；影响美国五代人的经典教科书《美国语文读本》；美国哲学和美式生活方式的代表之作《实用主义》；美国移民人手一册的人生指南《穷理查智慧书》；点燃美国20世纪60年代性解放运动的性学经典《金赛性学报告》；来自美国总统世家的对教育的反思与批判《亨利·亚当斯的教育》；出版史上的奇迹、永远的励志畅销书《人性的弱点》；等等。

这套"塑造美国的88本书"丛书将自始至终贯穿严肃认真的学风和生动活泼的文风，分辑陆续推出。

约四百年前，弗朗西斯·培根在《伟大的复兴》一书序言中，曾经这样谈到书中描述的对象，他"希望人们不要把它看作一种意见，而要看作是一项事业，并相信我们在这里所做的不是为某一宗派或理论奠定基础，而是为人类的福祉和尊严……"我们怀着真挚的感情，把这段话献给"塑造美国的88本书"丛书的读者，希望广大读者关心她、批评她、帮助她。

让她成为我们共同的事业。

中青文传媒
"塑造美国的88本书"丛书编委会
2013年6月

目　录

第一部分

正传

【译者注】"正传"部分是富兰克林先生于1771年，在英格兰都怀福德村的圣阿萨夫教堂主教家中写作而成，写作时间共计13天左右。这部分原本是写给他儿子的信，主要与儿子谈论家庭和个人的历史，并不打算发表，行文中多用第二人称"你"。

第一章

写自传的缘起

亲爱的儿子：

你知道的，我向来喜欢搜集有关我们祖上的奇闻趣事。你可能还记得我们同住在英格兰的那个时候，我的那段寻根之旅，我不惜长途跋涉，一一拜访家族中的老人。俗话说"有其父必有其子"，我想你也许喜欢知道我这一生的一些故事，尤其是许多你还没有听到过的。

目前我正在乡下休假，估计有整整一星期的空闲时间，正好可以让我坐下来，把我的这些故事写出来与你分享。此外，我还有一些其他的目的。我出身于社会最底层，生于贫寒长于贫寒，后来居然改变了人生改变了命运，过上了富裕的生活，在世人眼里，我有很好的名声，而且受人尊敬。回过头来看，到目前为止，我的一生可以说得上是幸福的，我的一生和命运，承蒙上帝的眷顾和赐福。我的后代或许愿意知道我的成功之道，其中一部分或许与他们的情况相适合，因此他们可以借鉴和仿效。

当我回顾一生中的幸福时，不禁会这样说：如果有人提议我重走一次人生路的话，我倒乐意重走一回。我的要求不高，仅仅是像作家那样，在再版时有改正初版某些错误的机会。最好的情况是，除了改正错误以外，还能把某些不幸的遭遇变得更顺利些。即使无法避免这些人生的不幸，我还是愿意接受原来的境遇，重走人生旅途。但是由于这种"重走"式穿越是不可能的，那么与之最接近的方式似乎就是回忆了。为了使回忆尽可能地保存久远，我于是把回忆到的东西都写了下来。

人老了，通常有回忆自己过去的癖好，我也不例外，因此下面我将回忆我自己，以及我过去所见的一些人和所经历的一些事。如果我对着年轻人讲我的往事，他们可能会感到厌倦，他们因为要尊敬我这个老头子而不得不听我讲，但是我如果写下来，读者就轻松多了。如果觉得故事有意思，就多翻几页，如果觉得没劲就扔到一边，不看罢了。

最后（我还是自己承认了好，即使我否认，别人也不会相信），写自传或许还会大大地满足我的虚荣心。说实在话，我时常听到或读到别人的自传，在刚说完了像"我可以毫不自夸地说……"这种开场白以后，紧跟着的就是滔滔不绝的自吹自擂。大多数人还是不喜欢看别人自夸，不管他们自己是多么自负。但是无论在什么地方，我对这种虚荣心总是宽容的，因为我相信这种心理，对自己和他周围的人都有好处。因此，在许多情况下，一个人如果把虚荣心当作生命的慰藉而感谢上帝，这也不能算是荒谬可笑的了。

前面我刚刚感谢过上帝，我愿意十分谦恭地承认，过去我一生中的幸福当归功于上帝的仁慈旨意，上帝指引我找到了成功之路。这种信仰使我希冀，虽然我不应该臆断，上帝在将来还会不会像以前一样一直指引我，不论是使我继续享受幸福，抑或是使我忍受命中注定的逆厄（像其他人一样，我也可能有这样的遭遇），因为我未来的命运只有上帝知道，他甚至能够通过苦难来祝福我们。

第二章

身世与童年

我的爷爷和他的孩子们

我的一个伯父，他也有着搜集家族中奇闻趣事的嗜好，有一次他交给我一些他记录的笔记，其中讲到关于我们祖上的一些事情。我才知道我们的家族在英格兰中部北安普敦郡的埃克顿（Ecton），至少已经在那儿住了300年，究竟在这以前还有多少年，他就不知道了。（也许是从他们采用"富兰克林"的姓氏那时候起，"富兰克林"在这之前是一个人民阶层的称谓，当时英国各地人们都在采用姓氏。）

我们的祖先在埃克顿拥有30英亩的自由领地，以种地为主业，以打铁为副业。直到我伯父那时候为止，打铁这门手艺一直流传在我们家族中，而且有个不成文的传统，家中的长子总是学打铁的，因此我伯父和我爸爸都送他们的长子学当铁匠。我查考了埃克顿地区的户籍记录，只找到了1555年以后的出生、嫁娶和丧葬的记录，那时以前的户籍册在那个教区里已经没有了，从这个户籍册里我发现我是五代以来小儿子的小儿子。

我的爷爷汤姆斯生于1598年，一直住在埃克顿，直到他年迈不能干活时为止，然后他搬到他儿子约翰那里去，约翰是牛津郡班伯里（Banbury）村的一个染匠，我爸爸就是跟着他当学徒的。我爷爷后来就老死在那里并且安葬在了那里，我们在1758年看到了他的墓碑。他的长子汤姆斯住在埃克顿的家里，后来把房产和田产遗留给他的独养女。他的女儿和女婿（是威灵堡的一个叫菲舍尔的人）又把房产卖给伊斯德先生，他现在就是那里的庄园主人。我爷爷养大了四个儿子，从大到小依次叫汤姆斯、约翰、本杰明和约瑟夫。我手边没有关于你这几个伯伯的材料，但是我将把我记得的给你写出来。如果我的记录在我离家以后未曾遗失的话，你可以从记录里找到更详细的材料。

汤姆斯跟我爷爷学了打铁，但是他天资聪颖，当地教区的大绅士帕尔默老爷鼓励他去念书（他的弟弟们也得到同样的鼓励），他获得了充当抄写人的资格，成为地方上有声望的人，也是当地（无论是他的本村，还是北安普顿郡的城镇抑或是他所在的州）一切公益事业的主要推动者，他这方面的故事我们听说了不少。在埃克顿教区他颇受当时的哈里法克斯勋爵的赏识和褒奖。1702年1月6日，他去世了，这恰巧是我出生前四年整的日子。我记得当我们从埃克顿教区的一些老人口中听到关于他的生平和性格的时候，你觉得很像你所知道的我的一生和个性，颇为惊异，你说："他如果死在您出生的那一天，人家也许认为是他直接投胎转世呢！"

约翰学当染匠，我相信是染呢绒的。老三本杰明也学了染匠，是染丝绸的，在伦敦拜师学的艺，他也是非常聪明的人。我很清楚地记得他，因为当我还是一个小孩子的时候，他从英格兰渡海到波士顿来，住在我爸那里，跟我们同住了好几年。

本杰明一直活到高龄，他的孙子塞缪尔现在还住在波士顿。他死后留下了两本四开本的诗稿，里面是写给他亲友的一些即兴短诗。他自己有一套速记方法，并且教会了我，但是因为我从来不练，所以早忘光了。

我的名字取自这位伯父，因为我爸跟他非常合得来。他笃信宗教，经常去听著名传教士的说教，并且把他们的说教用他自己的速记方法记下来，他身边有许多这样的笔记本。他有政治家的天赋，或许从他的地位来讲，他过分关注政治了。最近在伦敦我获得了他所搜集的从1641到1717年间重要的政论小册子，从书本上的卷号来看，有许多册已经遗失了，但是仍留下了对开本8本，四开本和八开本24本。一个做旧书生意的商人也不知从哪里弄到了这些书籍，因为我有时候从他这里买书，和他认识，所以他就把我伯父的这些册子送给了我。看样子是我伯父在去美洲之前留在伦敦的，这已经是50多年以前的事了。伯父还在书边上加了许多他自己的注解。

我们这个默默无闻的家族很早就参加了宗教改革运动，在玛丽女王统治时期，他们一直坚信新教①。当时由于他们强烈反对罗马教皇，因此还冒着遭受迫害的危险。当时天主教的《圣经》是拉丁文的，而我们家族信奉新教，因此采用英文版的《圣经》，而且保有一本英文版

---

① 新教（Protestantism）是由16世纪宗教改革运动中脱离罗马天主教会的教会和基督徒形成的一系列新宗派的统称，简称新教，是与天主教、东正教并列，为广义上的基督宗教的三大派别之一。

的《圣经》。为了隐藏和保管这本《圣经》，他们想出了一个非常聪明的方法，把它打开用狭带绑在一个折凳的凳面背部。当我的太爷爷对着全家宣读圣经时，他把折凳翻过来放在膝盖上，翻动狭带下面的书页。他的一个孩子会站在门口放哨，如果看见教会法庭的人走过来，他就提前通风报信，然后太爷爷会迅速地将板凳从膝盖放在地上，《圣经》就像原先一样藏起来了。这是我从本杰明伯父那里听来的，直到大约查理二世统治的末年，全家还是一致地信奉国教。但是那时候，有一些牧师因为不信奉国教教条而被开除教籍，在北安普顿郡举行会议，本杰明和约瑟夫改信了非国教，一生信守不渝，家里其他的人则仍然继续信奉国教。

我的短暂小学时光

在英格兰，非国教的宗教集会受到法律的禁止，而且时常受到骚扰，因此我爸爸的好友中有一些有声望的人就想移居到美洲新大陆去，希望在新大陆可以享受宗教信仰的自由，我爸爸答应陪同他们前往美洲。大约1682年，他就带着原配夫人和3个孩子迁到新英格兰来，在新英格兰这位原配又生了4个孩子，后来他的第二个老婆又生了10个孩子，因此我爸爸一共有17个孩子。

我还记得一次家庭成员到得比较齐的团聚，餐桌旁围坐着13个孩子，这13个孩子都长大成人，各自成家了。我是家里最小的儿子，年龄上是倒数第三，比我小的只有两个妹妹。我生在新英格兰地区的波士顿，我妈妈是爸爸的第二个老婆，名叫阿拜亚·福尔杰，我外公叫彼得·福尔杰，他是新英格兰的最初移民之一。如果我没有记错的话，可顿·马太在他的美洲教会史中曾高度赞扬过他老人家，称彼得为"一个虔诚而有学问的英国人"。我听说他曾经写过各样的即兴短诗，但只有一篇印刷出版了，我在好多年以前曾经拜读过。这首诗写于1675年，是用当时民间流行的诗歌体写的，写给当时当地的管理当局。诗的内容是拥护信仰自由，声援受迫害的浸礼会、贵格会②和其他教派，认为殖民地所遭受到的印第安人战争和其他灾祸是迫害教徒的后果，是上帝对这种重大罪行的判决和惩罚，奉劝当局废止那些残暴不仁的立法。整首诗在我看来写得通俗易懂，落落大方。

我的哥哥们都拜师学了各种不同的手艺。我爸爸打算把我当作儿子中的什一税③捐献给教会，因此在8岁时就把我送到语法学校去读书。我小时候读书还算聪颖，我爸爸的朋友们又都说我将来读书一定很有出息，这一切都鼓励了我父亲把我送到学校继续去读书。我伯父本杰明也赞成我读书，并且提议如果我肯学习他的速记术的话，他会把他全部布道说教的速记本赠送给我。我在语法学校里念了不到一年，表现还不错，从中等生升到了优等生，接着就升入了二年级，而且可以在那年年终随班升入三年级。但是这时候因为家里孩子太多，学费

---

② 贵格会（Quaker）是基督教新教的一个教派，又称教友派或者公谊会。该派成立于17世纪，因一名早期领袖的号诚"听到上帝的话而发抖"而得名QUAKER，中文意译为"震颤者"，音译贵格会。该派反对任何形式的战争和暴力，不尊敬任何人也不要求别人尊敬自己，不起誓，主张任何人之间要像兄弟一样，主张和平主义和宗教自由。其信徒曾受到英国政府迫害，与清教徒一起移民到美洲，但又受到清教徒的迫害，大批贵格会教徒逃离马萨诸塞州而定居在罗得岛州和宾夕法尼亚州等地。

③ 什一税（tithe）：欧洲基督教会向居民征收的一种宗教捐税，源起于《旧约》时代。公元6世纪教会利用《圣经》中有农牧产品十分之一属于上帝的说法，开始鼓吹征收什一税。

负担太重，同时我爸爸看到许多读了很多书的人，日子过得很窘迫（这是他在我面前对他的朋友们讲的），他改变了原先的主张不支持我读书了，叫我离开了语法学校，把我送到一所专门教写字和算术的学校去。

这所学校是当时著名的乔治·布朗纳先生开办的，布朗纳先生办学成就不凡，而且有一套教育方法，循循善诱，春风化雨。在他的指点下，我很快地学会了写一手漂亮的字，但是算术我考试不及格，并且毫无进步。10岁时，我爸爸把我从学校接回家来，帮他干活。我爸爸做的是蜡烛和肥皂制造业生意。他原来不是干这行的，但是到了新英格兰，他发现染色业生意惨淡，不能养活一家老小，所以就改行做蜡烛了。因此我爸爸就叫我做剪烛芯、灌烛模、管店铺、跑腿等工作。

我讨厌这个行当，同时我非常想去航海，但是我爸不赞成。因为住在海边，常到水里玩，我很早就学会了游泳和划船。和其他小朋友在大小船上玩的时候，他们总是听我的，特别是在情况危急的时候。在其他场合，我一般也是孩子王，有时候我使他们陷入窘境。

其中有一件事，我至今记忆犹新，这件事情虽小，而且是我的过错，但却显示了我早年突出的热心公益的精神。我家附近的水车贮水池旁边有一个盐泽，在涨潮的时候，我们时常站在盐泽的边上钓鲦鱼。由于踩踏得多了，那个盐泽的周围被我们踩成一个泥沼。我提议在那里用石头砌成一个小高地，这样我们可以站立在那里。我看到附近有一大堆石块，这是别人用来在盐泽边上盖屋子的。因此在晚上当施工的人已经离开的时候，我召集了几个同伴来搬石头，像一群蚂蚁似的不辞劳苦地忙碌着，有时候两三个人搬一块石头。最后我们终于把石块搬来了，修好了我们的小高地。第二天早晨，盖屋子的人看见少了不少石块，大为惊异，于是到处寻找，后来在我们的盐泽地找到了。他们查出了是我们干的，就向我们的家长告状，而且有几个小朋友因此受到了家里的责备，我就是其中之一。虽然我向爸爸辩解说这桩事是有益的，但它由此使我深信一个终身受益的道理：凡不正当者即为无用之物。

爸爸的墓志铭

你爷爷的相貌和性格，我想你或许想知道一点吧。他中等身材，体格健壮，天资聪颖，画的一手好画，而且还懂点音乐。他的嗓音很棒，喜欢唱歌，有时候在晚间工作结束后，他就一边拉着琴，一边唱着歌，声音很悦耳。他有机械方面的天才，有时候碰到其他行业的工具，他也能摆弄起来，运用自如。你爷爷最大的长处是，在处理公私重大问题时，他所表现的深刻见解和正确判断。

可惜的是，他从来没有从政，家里孩子众多，需要他去教育，家境又困难，需要他来养家糊口。但是我清楚地记得，常常有地方上有名望的人，前来向他请教关于镇上或他所属教会的问题，你爷爷的判断和忠告，他们一般很认同也很重视。而且，当人们在个人生活中遇到了不会解决的困难或难题时，他们也常常来向你爷爷讨教，因此他常常被人们选定为争执双方的仲裁人。

在教育孩子方面，他喜欢尽可能地时常请一些通情达理的友人或邻居来家里，边吃边聊，聊一些明智或有益的话题，好启迪孩子们的智慧。在餐桌上，你爷爷使我们专注到立身处世中善良、正直和审慎的种种美德，而很少留意或完全不注意所吃的东西。这使我后来养成了一个习惯，那就是吃饭时，对我面前的菜肴漠不关心，甚至刚吃完饭别人问我吃了些什么，我都答不上来。我后来发现这个习惯也有一个好处，那就是在旅途中，当我的旅伴们因为缺乏可口的食物，不能满足他们相对高贵精致的口味和食欲而感到苦不堪言时，我却丝毫没有这种痛苦的感觉。

你奶奶身体也很结实，应该说是很壮实：她生了10个孩子，而且都是她用母乳喂养大的。你爷爷奶奶的身体一直很健康，除了临终前的患病外，记忆中，我从未听过他们生病了。你爷爷活到89岁，你奶奶活到85岁，他们合葬在波士顿。几年前我在他们老两口的墓前立了一块大理石墓碑，刻着墓志铭：

约赛亚·富兰克林和他的妻子阿拜亚长眠于此。

在婚后的55年中，他们相亲相爱地生活着。

他们既无田产，又无俸禄，靠着辛勤的劳动和勤勉，蒙上帝的祝福，

供养着一个庞大的家庭，安乐度日。

抚养大了13个孩子和7个孙儿孙女，声誉良好。

路过的人，看到这里，

你应当勉励自己，勤奋工作，切勿不相信上帝。

约赛亚是一个虔诚谨慎的男子，阿拜亚是一个细心贞洁

的妇女。

他们的幼子，立此碑铭，聊表孝意和纪怀。

约赛亚·富兰克林生于1655年，卒于1744年，享年89岁。

阿拜亚·富兰克林生于1667年，卒于1752年，享年85岁。

第三章

学徒岁月

嗜书如命

我絮絮叨叨，一下子就离题万里了。我可真是老了，以前我写文章比现在条理清楚，很少跑题的。言归正传：我在我爸爸的铺子里就这样继续干了两年，也就是说，一直干到我12岁那年。

我哥哥约翰本来是学蜡烛制造业的，这时已经离开了爸爸，成了家，在罗德岛独自做起生意来，显然爸爸是要我继续干哥哥的工作的，成为一个蜡烛制造匠。但是那时我还是不喜欢这个行业，我爸爸也寻思：假如不给我找一个更合适的工作的话，我可能会像他的儿子约赛亚一样私自跑去航海，这可就不好了。老爷子也很会变通，找时间带我去散步，去观看木匠、砖匠、车工、铜匠等工作，看看我对哪行感兴趣，这样就能让我踏实学门手艺了。从那时起，我一直喜欢留心观察手艺高超的匠人使用他们的工具。这种细心观察使我受益终身：由于从观察中，偷师了不少技术，因此当家里一时请不到匠人时，我就能应急一下，修理修理家里的小物件什么的。

　　后来，当动手做实验的兴致在我心里还是很新奇强烈的时候，我能够替我自己的实验制造小小的机器。我爸爸最后决定让我从事制刀业。那时候，我伯父本杰明的儿子塞缪尔在伦敦学习了制刀业，而且在波士顿开了张自己干，爸爸就把我送到他那里，与他同住一段时间，先了解一下这个行业。但塞缪尔也不怎么讲情面，他想从我身上获得一些报酬，这触怒了我老爸，因此他又把我带回了家，制刀这个活计我就没学成。

　　从小我就喜欢读书，为了买喜爱的书，我全部的零用钱几乎都花这上面了。我非常喜爱约翰·班扬的《天路历程》①，从第一部开始，我就收集这书的每一本小册子，后来我把它们卖了，用这笔钱我买了柏顿的《历史文集》。这些是开本很小的书，小贩的摊上一般都买得到，价格便宜，全集共有四五十册。

　　我爸爸的小图书馆收藏的书，主要是一些有关神学论辩的书籍，其中大多数我都看了，但是当时我是决心不做牧师的，因此这些书就没认真读。正当我的求知欲望非常旺盛的时候，我却没有机会阅读更适当的书籍，这是我至今仍感到遗憾的。爸爸书架上也有一些书我是认真读了的，一本是普鲁泰克的《希腊罗马名人传》，我读了不少，

---

① 《天路历程》（*Pilgrim's Progress*）是世界文学经典之一，是约翰·班扬（John Bunyan）的一部著作。该书的第一部发表于1678年，分第一部与第二部，分别叙述基督徒与他的家属奔走天路的经历。此书深受信徒与初信者的欢迎，因此它是除圣经以外，销路最广、影响最大的一部著作，已在全世界被译成超过124种方言和文字。

感觉这书非常值得一读。还有笛福的《计划论》②，另一本是清教徒
牧师科顿·马瑟《为善散文集》③，这本书似乎悄然改变了我的思想，
对于我日后一生中的某些重大事件都有影响。

　　这种对书籍的爱好，最终使我爸爸决定让我学印刷工，虽然他已
经有了一个儿子（詹姆斯）学了这行。1717年，我哥哥詹姆斯从英格
兰回来，带来了一架印刷机和铅字，准备在波士顿创业。我对印刷的
爱好远胜过我爸爸给我挑选的其他行业，但是尽管如此，我对于航海
仍是念念不忘。知子莫若父，为了防止我这种渴望产生他不希望的后果，
爸爸迫不及待地叫我跟哥哥当学徒。当时我还是反对了良久，最后我
同意了，签订了师徒契约，那一年我12岁。

　　按照契约，我将一直学到我21岁时为止，但在最后一年我将依照
契约拿满学徒工的工资。我很好学，很快就熟悉了印刷工的工作，成
了我哥的得力助手。

　　在工作之余，我有机会阅读一些更好的书籍了。我跟一些书店的
学徒们打交道较多，一来二去就熟稔了，于是能从他们那里借来一些
小书，但是我得倍加小心，看完很快还给他们，而且不能弄脏了。有
时候头一天夜里借到的书，为了怕第二天被书店老板发现不见了，或

---

② 丹尼尔·笛福（Daniel Defoe，1660—1731）是英国著名的政论家和文学家，英国启蒙时期现
实主义小说的奠基人，被誉为"英国和欧洲小说之父"，代表作为《鲁滨逊漂流记》。1688年，
笛福发表了《计划论》（Essay on Projects）一书。在笛福看来，"计划"（Project）一词含义很
广，包括科学技术上的发明创造、工农业的改造、创立和发起各种公司企业，还包括各种投机活
动。笛福把自己所处的时代叫作"计划时代"，当时，商业事务和国家民政方面的计划与发明，
达到了一定的发达程度。
③ 科顿·马瑟（Cotton Mather）的《为善散文集》（Essays to Do Good，1710），可谓是美国散
文的缘起。

是怕有人要买这本书，第二天一大早就必须得送还，因此我常常坐在房间里阅读到深夜，用一晚上看完。

学写散文

没过多久，我认识了一个非常聪明的商人马太·亚当，他经常到我们的印刷铺里来。他家藏书颇多，他发现我很喜欢看书，于是邀请我到他的藏书室里去玩，很大方地借给我一些我要读的书籍，这样我看书比以前从容多了。

这个时候我爱上了诗歌，兴起时写了几首小诗。我哥哥觉得写诗可能日后有用，于是鼓励我继续写诗，而且要我编写两首应时的故事诗。一首叫作《灯塔悲剧》，讲述了华萨雷船长和他的两个女儿溺毙的故事。另一首是《水手歌》，讲的是捉拿黑胡子海盗的经过。这两首诗没有多高的价值，是用低级小调的格式写成的。印好之后，我哥哥叫我到镇上各处去叫卖。第一首卖得很好，因为它所讲的是新近发生的、曾经轰动一时的事件。这个小成功使我沾沾自喜，但是我爸爸却极力反对，他嘲笑我的诗歌，他说写诗的人一般都是穷光蛋。爸爸的阻挠使我幸免成为一个诗人，而且很可能是一个很失败的诗人。

在我一生中，散文的写作对我十分重要，而且我也是靠写散文出名的，下面我给你讲讲我是怎么喜欢上散文的。

在镇上另外有一个爱好读书的孩子，叫作约翰·科林斯，我和他经常一起玩，有时相互之间会有争论，我们的确都十分好辩，都很想驳倒对方。这里我顺便提一句，这种爱争辩的癖好，很容易发展成为一种坏习惯。为了争辩，人们必须提出反对的意见，这种抗辩常常使人在他人面前变得面目可憎。因此，它不但使人们的交谈变得别扭和遭到破坏，并且会生发厌恶，甚至使本来可能形成融洽友情的场合产生了敌意。我这种爱好争辩的习气，是从阅读我爸爸的那些有关宗教论辩的书籍中得来的。从那时起我发现，除了律师、大学生以及在爱丁堡受过训练的各式各样的人以外，聪明的人是很少染上这种习气的。

也不知从什么时候起，科林斯和我开始辩论起妇女是否应接受高深教育，以及妇女是否有从事研究工作能力的问题。他认为妇女不应接受高深的教育，她们的天赋低劣，不能胜任。而我却站在另一边，也许仅仅是有点儿为了争辩而争辩罢了。他天生比我雄辩，他的词汇丰富，有时候我觉得他之所以能压倒我，是因为他的语言较为流畅，虽然我的论据说服力比他大。后来我们分开了一段时间，分开时，这个问题还没有解决，并且近期内我们也不再会有见面的机会，因此我坐了下来，在信中和他隔空辩论，我把我的论点写下来整理后寄给他，他回信，我又答辩，这样双方交换了三四次信件。碰巧这时我爸爸看见了我的信，通读了一遍，他虽不参加我们的辩论，但是他借机和我讨论了一下我的文章体裁问题，他说：虽然在正字和标点方面我胜过对手（这点得归功于印刷所的工作），但在措辞的典雅、叙述的条理清晰方面我远不如对方，他举了几个实例来使我信服。我觉得爸爸的话公正合理，于是虚心接受，决心从此以后更注意文章的风格，力求改进。

　　大约在这时候，我偶然看到了一本《旁观者》④的散册，是第三册。在这以前，我从未见过此书。我买了这本散册，反复读了几遍，十分中意，我认为其中的文章写得好极了，于是想模仿、学习它的风格。因此我拿了几篇论文，把每一句的思想进行一个简单的概括，接着把它放一边搁置几天，然后不看原书，用我自己想得起来的合适词句，把每一点摘录下来的思想意思，用完整的句子表达出来，又凑成整篇的论文，使它表达得像以前一样完整。然后我把我自己模仿写的《旁观者》与原来的比较，发现一些我的不足，于是进行修改完善。但是我发现我的词汇贫乏，或者说用词方面，我不能信手拈来。我想假如我以前没有放弃写诗的话，那我现在的词汇量一定会丰富得多了。

　　因为写诗时，经常不断地有机会寻找拥有同样意义却长度不同的词去合诗的韵律，或是不同音素的词去凑韵脚，这会迫使我不断地推敲、搜寻具有不同形式的同义词，有助于我记忆和掌握它们。因此，我把其中的一些故事改写成了诗，过些时候，当我差不多已经遗忘了原来的散文的时候，我又把它们重新还原。有时候我也把我摘录的思想打乱了，经过几个星期以后，设法把它们用最好的次序排列起来，然后再把它们写成完整的句子，拼成论文。这样做是为了学习编排思想的方式方法，在还原后与原文比较时，我发现了许多缺点，就一一加以改正。但是有时候我突发奇想：在某些次要的地方大胆改进原文的条

---

④　《旁观者》（*Spectator*）：约瑟夫·艾迪生（1672～1719）与理查德·斯蒂尔（Richard Steele）合办。每期只印一小页，每次在人们吃早餐之前就递送到订户手上。对社会生活中的错误行径与愚蠢行为进行了嘲讽，对一些好人好事则进行了赞扬。期刊在英国散文中独树一帜，对作为文学形式的散文文体的发展作出了重大贡献。

理和语言，这种想法鼓励了我，使我相信在未来我或许可能成为一个不错的作家。在这方面，我原是颇有奢望的。我一般在晚间工作结束后或是早晨工作开始以前，抑或是在星期日，阅读书籍和做这类练习。在星期日，我爸爸借管教之机惯常逼我去做礼拜，尽管我当时确实还认为，做礼拜是我们应尽的义务（虽然我好像无暇参加礼拜），但我也总是尽可能地躲避参加这种普遍遵守的崇拜仪式，设法独自一人留在印刷所里。

练习辩论

大概在我16岁左右的时候，我偶然看到了一个叫泰伦的人写的一本宣传素食的书，我就决心养成素食的习惯。当时我哥哥因为尚未结婚，无人主持家务，我们和他的徒弟们就在另外一家人家吃饭，我不吃荤食，这可引起了麻烦，因此他们常常因我的怪癖而责备我。我从书中学会了一些素食烹调方法，如煮山芋、做速食布丁等，然后我向哥哥提出：假如他愿意把我每周伙食费的半数给我，我愿意伙食自理，他立刻同意了，不久我就发现我可以从这些伙食费中节省一些出来，这就又是一笔买书的钱了。但是这样做还有另外一个便利。当我哥哥和其他的伙计离开印刷所去吃饭的时候，我独自一人留在所中，我很快草草地吃完了我的方便点心，经常是一块饼干或是一片面包，一把葡萄干或是从面包铺买来的一块果馅饼和一杯清水。在他们回来以前的这一段时间里我就可以读书了。由于饮食节制常常能使人头脑清醒思想敏捷，因此我看书的进度比以前更快了。

我在学校时算术曾两次不及格，这事令我耿耿于怀，我甚至因为不懂算术而感到羞愧。这时候我看到了《库克算术》⑤一书，于是从头到尾很顺利地学习了一遍。我也读了舍勒和斯图美关于航海的书籍，熟悉了这些书里所包含的一点几何学。除了这一点以外，我对几何学从未做过更深入的研究。大约在这个时候，我读了洛克的《人类悟性论》和波尔洛亚尔派的先生们所著的《思维术》。

正当我一心一意地改进我的文体的时候，我偶然发现了一本英语语法书（我想是一本格林·伍德的语法书）。在这本书的后面，有两篇关于修辞法和逻辑的简短介绍，关于逻辑的那篇文章在结束时举了一个用苏格拉底对话法进行论辩的实例。于是，不久后我就买了一部色诺芬的《回忆苏格拉底》。在这本书里有许多这种对话法的实例。我很喜欢这种方法，于是就采用它，放弃了之前生硬反驳和独断式的立论，变成一个谦逊发问和质疑的人。

在当时读了莎夫茨贝利和柯林斯的作品以后，我对于我们的教义的许多方面成为一个真正的怀疑者。我发现用这种方法对我自己是最稳妥的，但却使我的对手十分为难。因此我喜爱这种方法，不断地应用它，逐渐变得十分巧妙和老练，使人们，即使是有学问修养的人，也不得不让步，而这种让步的后果又不是他们所能预知的，这样便引诱他们进入种种他们无法自拔的窘境，而使得我自己和我的论题常常获得意外的胜利。这个方法我继续使用了几年之久，但是后来逐渐放

---

⑤　《库克算术》（*Cocker's Arithmetick*），作者是爱德华·库克，此人是伦敦的一个雕刻师，他也教授书法和算术，写了一些书法和算术方面的普及读物，并冠以《库克算术》的书名。该书为人们广泛采用，一连刊印了60版都还供不应求，人们相信照他的办法做肯定不会出差错。

弃了，仅仅保留了用谦逊的口吻表达我个人意见的习惯。当我提出任何可能有争论的意见时，我从不用"一定"、"无疑地"或任何其他表示肯定意见的字眼。相反地，我会说我猜想或料想某事是如此，为了什么理由，在我看来这件事好像是，或是我想是这样。或者是说我想象是这样，亦或者：假如我没有弄错的话，即是如此。

我相信这个习惯对我非常有益，因为我需要说服人，劝说人接受我不时在努力倡议的各种措施。再者，谈话的主要目的无非是教诲人，或是被别人教诲，使人高兴或是说服人，因此我奉劝善良的聪明人，为了不削弱他们行善的能力，切勿采取一种独断式的、自以为是的态度。这种态度总是使人反感，往往引起别人的反对，因而使语言之所以存在的目的（即交流思想和增进感情）破坏无遗，因为假如你的目的是要教诲人，讲话时过分自信的武断态度有时会引起反驳，因而使公正的讨论成为不可能。假如你的目的是要从别人的知识经验中汲取教训和教益，而同时你又固执地坚持你的意见，那么谦逊明达的人，由于不爱争辩，很可能会不屑于指出你的错误，让你依然故我。同时，用这种态度，你很难达到使与你谈话的对方喜悦，或是赢得别人的赞同。

蒲柏[6]说得好：你不应当用教训的口吻去教导人，别人不懂的东西，你应当作为他们遗忘了的东西提出来。他接着又要我们：即使你自己深信无疑，说话的时候也应当外表谦虚。蒲柏在此处引用他在其他地方撰写的一行联句与上文结成联句，这一行放在这里我想比在引文里

---

⑥ 亚历山大·蒲柏（Alexander Pope）是18世纪英国最伟大的诗人。

更合适些：因为傲慢即是愚蠢。

假如你问为什么说这一行诗在原诗里不太合适，那么我只好引用原诗了：

> 大言不惭是没有理由的，
>
> 因为傲慢即是愚蠢。

那么，难道愚蠢（假如人不幸性格愚蠢的话）不就是他傲慢的理由吗？这两行诗，假如这样写，不是更合理吗？

> 大言不惭，只有这唯一的理由，
>
> 那就是：傲慢即是愚蠢。
>
> 但是，究竟是否如此，愿高明之士不吝赐教。

匿名投稿

1720年或是1721年，我哥哥开始出版报纸了，名叫《新英格兰报》。这可是在美洲殖民地出现的第二份报纸，第一份报纸是《波士顿邮报》。我记得我哥哥的朋友中有人认为办报纸很难成功，劝他放弃，因为他们认为殖民地里有了一家报纸已经足够了，现在（1771年）这里的报商数量不下25家，但是我哥哥坚持了自己原定的计划，当报纸排版印刷完毕之后，就派我到镇上各处把报纸送给订户。

我哥的朋友中有一些很聪明的人，他们替报纸写一些小品文，作为消遣。这些文章使报纸的声誉高涨，更好地打开了销路。这些绅士们常到印刷所来。当我听他们在谈话过程中侃侃而谈说他们的报纸是如何地受人欢迎的时候，我跃跃欲试地想写一些东西投到报馆去，但因为我还只是一个孩子，同时我猜想到假如哥哥知道是我的文章，他会反对在他的报纸上发表的，于是我灵机一动，设法改变了我的笔迹，写了一篇匿名的文章，趁夜色放在印刷所的大门底下，就当是投稿了。第二天早晨哥哥看到了，当他的那些在报纸上撰文的朋友们过来时，他就把它交给他们审读。我听见他们的评语，多有赞许，当他们猜测它的作者时，他们提到的全是我们中间有学问有智慧的知名人士，这些都使我窃喜不已。

我当时侥幸得到这些人当我的鉴赏家，现在想起来，也许他们也并非如我当时深切感到的那般眼力非凡。尽管如此，有了这次鼓励之后，我又故伎重施，写了几篇文章，用同样的方式投递到报馆去，结果当然还是好评。我一直保守着这个投稿的秘密，直到我仅有的一点点写这类文章所必需的常识几乎用尽时，才拆穿了秘密。这时候，我哥哥的朋友们对我稍加重视，但是我哥却不喜欢他的朋友重视我，因为他以为（可能他有充分的理由）这样做或许会使我过分地自负。这事可能是我们之间开始变得不和睦的原因之一。

尽管他是我的哥哥，但是在他眼里，他就是师父，我就是他的徒弟，因此我当然也应当像其他徒弟一样替他服务。不过因为我是他弟，我认为他应当对我宽容一些，我觉得他要求我做的某些事，过分地降低了我的身份。有时候我们为一些事争执不下，就找爸爸来评判，老爸的判决一般总是支持我，我想可能是因为大多数时候我总是处在对的一面，或者是我比他能言善辩，但是我的哥哥脾气急躁，常常打我，这使我十分生气。我想我哥对我粗暴专横的态度，也许是使我在日后一生中对独断专权都强烈反感的原因之一。

第四章

独闯费城

与哥哥决裂

我觉得学徒生活很是枯燥乏味，因此总是盼望着有机会提前结束学徒生涯，出乎我意料的是，这机会还真是来了。

一天，哥哥收到了一张州议长的拘押票，说要逮捕他，原因是哥哥在我们报纸上登载的一篇关于某政治问题的文章（文章题目我现在记不起来了）惹怒了州议会。州议会控告他并且要求判他一个月的徒刑，我想这大概是因为他不愿泄露原作者姓名的缘故吧。州议会还堂而皇之地逮捕了我，他们认为作为一个学徒，我是有保守师父秘密义务的，所以才连带抓捕了我。他们在会议上审问了我，当然我的回答没有使他们达到目的，他们只好教训我一番便放了我。

尽管我对哥哥有意见，但对他被判处刑罚的这件事，我是力挺他的，对州议会十分愤慨。在他拘留期间，报纸那些事由我来主持。在报纸上我大胆地对我们的统治当局进行了嘲讽，我哥哥倒很喜欢这些快意恩仇的文章，但是另外一些人却开始对我有了恶劣的印象，认为我是一个喜欢诽谤讥讽的青年。当哥哥被释放的时候，州议会发出了一道指令："禁止詹姆斯·富兰克林继续出版《新英格兰报》。"

报纸不能关张，我哥哥于是和好友们在我们的印刷所里开了一个会，商讨在这种情势下如何应对。有人提议换个报名来规避风险，但是哥哥认为这样做还是不彻底，还会有许多麻烦，最后他们想出了一个不错的办法——以后的报纸采用本杰明·富兰克林的名义出版。为了避免州议会的非难，说他仍旧通过他的学徒在出版报纸，他们策划把我过去的师徒契约归还给我，写明一切义务完全解除，在必要时我可以拿出来给人看。

但是为了保障我的工作权益起见，我得另外签订一个新的适用于未完成学徒期限的合同，这个合同将不予公开。这实在是一个非常浅薄的计谋，但是我们马上执行了它，这样这个报纸在我的名义下延续了几个月之久。

我和我哥之间终于产生了一个新的争执，我坚决维护我的自由，认定他不会跟我签新的师徒契约，我想甩手不干了。现在想想，我当时趁火打劫式的做法，是欠公允的，因此我认为这是我一生中第一个大错。他的急躁脾气常使他对我拳脚相加，因而当我因契约的事感到愤恨时，我对这一行为的不公正性无动于衷，但是在平时他倒也不是一个性情暴戾的人，可能我当时太没礼貌，太惹他生气了。

当哥哥知道我将离开他时，他设法使我无法在镇上的任何一家印刷所里找到工作，他事先跟他们打好了招呼，因此他们都让我吃了闭门羹。那时我想到纽约去，因为那里有一家印刷铺，并且离波士顿最近。这时我已经把我自己弄成了当地统治集团的眼中钉，我从州议会处理我哥哥案件时所表现的专横中想到，假如我呆下去，我很可能使自己陷于窘境；同时，由于我对宗教问题有欠审慎的议论，善男信女们已经把我看作是可怕的异教徒和无神论者了。

当我想到这可怕的一切时，我倒宁愿离开波士顿了。我决定了出走，但是因为此时爸爸偏袒我哥哥，我想假如我明目张胆地离开，他们会设法来阻拦我。这时，我的"辩友"科林斯给出了个高招。他跟一只去纽约的船的船长说，我是他的一个年轻友人，由于年少风流，使一个不正经的女孩子有了身孕，她的朋友们又逼着我娶她，我只好坐船到外地去躲躲，请他帮忙让我搭坐他的船。我身上也没几个钱，于是卖掉了我的一些书，拼凑了一点盘缠，悄悄地上了船。因为是顺风，三天后我已经到了纽约。这样，一个仅仅17岁的男孩子，只身来到一处人生地不熟的他乡，口袋里也没有一封推荐信，只有少量的盘缠，到了一个离家几乎300英里之遥的地方。

路途的艰辛

我对航海的兴趣这时候已经消泯了，不然现在我倒可以满足这个愿望了。但是，由于我有一门手艺，并且对我的技术非常自信，我去找当地的印刷铺老板——一个叫威廉·布拉德福德的人，请他收我为伙计。他是宾夕法尼亚的第一个印刷铺老板，在乔治·开夫①的争执发生以后他就从那里搬到纽约来了。他那里生意不多，人手已经够了，因此也就没雇用我，但是他说："我在费城的儿子那里最近需要人，他主要的助手阿奎拉·罗斯病故了。假如你到那里去，我相信他可能雇用你。"费城离纽约有100英里的路程，但是我毫不犹豫地出发了，坐船到安博伊那个地方，留下的箱子和铺盖日后由海道运来。

在横渡海湾时，遇到了狂风，我们乘坐的帆船帆布被撕成了碎片，因此我们无法驶入小河，狂风把我们吹到长岛去了。在途中，一个喝得烂醉的荷兰乘客失足坠入海中，当他正往下沉的时候，我伸手抓住了他乱蓬蓬的头发，把他拉了起来，这样我们总算又把他放在船上了。掉入水中之后，海水把他灌清醒了。他先从口袋里拿出一本书来，要我替他去弄干，然后就睡觉去了。我一看原来是我多年来最心爱的作家班扬的荷兰文版《天路历程》，用上等纸精印，附有铜版插图，它的印刷装订工艺超过我曾经看过的原版。后来我发现《天路历程》已经被译成了欧洲大多数语言，我想除了《圣经》以外，它比任何其他书籍拥有更广泛的读者。据我所知，班扬是把对话混进叙述中的第一人，这种写法很使读者感兴趣。在最打动人的部分，读者宛如身历其境，亲身参与讨论。笛福的《鲁滨逊漂流记》和《摩尔·富兰德尔》《宗教求爱》《家庭教师》等都成功地模仿了这种写法。理查德森在他的《帕米拉》等书中也采用了这一方法。

---

① 乔治·开夫（George Keith，1639—1716）是英国"教友会"的一个牧师。1684年，他从英国移居美洲，曾在费城当教师，后来在教义上他又与教友会的其他教友发生争执，自己创立了一个教派，叫作"基督教友会"（Christian Quakers），又叫作"开夫派"（Keithians）。

　　船虽然到了纽约的长岛，但我们发现无法在那里登陆，因为那里的海滩海浪澎湃、乱石丛生。这样，虽然船抛了锚，但是船身向着海岸摇摆着。岸上有人来了，对着我们大声呼喊，我们也向他们呼叫，但是风太大了，我们听不清对方所说的话，因而无法相互表达自己的意思。岸上有独木舟，我们做了手势，呼喊他们用独木舟来接我们，但是他们或者是不懂我们的意思，或者是认为这事根本做不到就走开了。

　　天黑了，我们除了等着风势减弱以外，别无他法，在这个时候，我和船老板决定去睡一会儿，假如还睡得着的话。我们就这样跟全身还是湿透的荷兰人一同挤在小小的船舱里。外面浪花打在船头上，漏进舱来打在我们身上，结果是没过多久我们几乎就跟那个荷兰人一样全身湿透了。这样，我们躺了一夜，根本就没有睡着。第二天风渐渐小了，我们努力想要在天黑前到达安博伊，因为我们已经在水上度过了30小时，既无食物，又无饮水，我们只有一瓶混浊的朗姆酒，外面的海水都是咸的。

　　当天晚上，我发了高烧，上床睡了，但是我记得曾经在什么地方读到过多喝凉水能治疗发烧，所以我就照这样做了。还真见效，我出了大半夜的汗，烧也退了。第二天上午，过了渡口，向着50英里以外的伯灵顿徒步前进，在那里，据说有船可以送我直达费城。

　　这一天下了一整天的大雨，我全身湿透了，到了中午感到很疲倦，于是停下来歇歇，就在一家小客店里住了一晚，这时我开始有点懊悔当初不该离家出走了。同时我的样子非常落魄，甚至从人家对我的问话中，发现他们疑心我是谁家的一个私逃家丁，而且很有可能因这种嫌疑被警察逮捕。尽管如此，第二天我还是继续赶路，到了傍晚在离开伯灵顿8到10英里的地方住宿在一个叫布朗医生开的客店里。我一边吃饭，一边和店主聊天，当他发现我读过一些书时，显得非常和气和友好，我们就此建立了友谊，而且一直维持着，直到他过世。我猜想他以前是一个乡里的医生，因为没有一个英国的或是欧洲大陆国家的城镇，是他不能详细描述的。他有一些学问，人也聪明，但是不大信仰宗教，几年以后他搞怪地把《圣经》滑稽化，改写成为拙劣的诗体，正像可顿以前改写维吉尔的诗那样。这样他使《圣经》中的许多故事显得十分荒谬，假如他的作品出版的话，可能会使一些信仰不坚定的人受到负面的影响。

那天夜里我就在他店里住了一宿，第二天到了伯灵顿，真不凑巧，我到达前，去往费城的定期航船已经开走了。那天是星期六，要等到下星期二才有开往费城的航船。因此我回到城里一个老太太那里，我曾经向她买了一些准备在船上吃的姜饼，向她请教应当怎么办。她邀我住在她家等下周二的船。因为徒步旅行太累了，于是我就接受了她的邀请，在她家住了下来。

老太太人很好，和我也聊了聊天。当她听说我是一个印刷匠的时候，就劝我在伯灵顿安顿下来，开设一家印刷铺，但是她不了解开设印刷铺是需要资本的。她很殷勤地招待我，非常善意地请我吃了一顿牛肉饭，只肯收一壶啤酒的价钱。这样我满以为我是确定要等到星期二的了，但傍晚在河边散步的时候，来了一只去费城的船，船上载着几个人，他们让我上了船。因为没有风，所以一路上我们划船前进，到了午夜左右，因为还看不到费城，有人就确信我们一定已经过了费城，不愿再划下去了。其余的人也不知道我们究竟到了哪里。因此我们向河岸驶去，进入了一条小河，在一道旧木栅旁边登了岸。因为夜晚很冷（当时是10月份的天气），我们就用木栅生了火，在那里呆到天明。

当时船上有一个人认出这地方叫作库柏河，在费城的北面一点。我们一驶出这条河费城就眺目在望了。大约在星期日早晨八九点钟我们到达该城，在市场街码头上了岸。

我对于我的旅程叙述得很详细，我的初次进城我也将详细交代，为的是使你在想象中，能够把这种没有希望的开端，跟我日后在该城有所成就作一对比。

艰难立足

由于我最好的衣服还在海道托运中，我只能穿着身上那身破旧的衣服，满身是土，口袋里装满了衬衫和袜子。我举目无亲，也不知投奔哪里住宿。由于连日旅行、划船和缺乏休息，我感到非常的疲惫，而且还十分饥饿，但是我兜里的全部现金只剩下一元荷兰币和约值一先令的铜币。我把铜币付给船主人作为船票钱，他们起初不肯收，因为我出力划了船，但我坚持要他们收下来，因为当一个人只有微薄钱财的时候，有时候反而比他富有时来得慷慨，也许是由于怕人家认为他穷酸的缘故吧。

接着我上街四处转了转，想买点吃的。当我走到市场时，我遇见了一个手里拿着面包的男孩子。以前我曾经好几次把面包当饭吃。

我问他面包是从哪儿买的，之后立即跑到他指给我的第二街的一家面包铺，我想买我们在波士顿买的那种硬面包，但是好像在费城他们不做这种面包。接着我就说买3便士一个的面包，他们也说没有。这样，由于我没有考虑到或不知道货币价值的不同，在费城物价相对较低，我也不知道究竟他铺子里有什么面包，我就请他给我任何种类的价值3便士的面包，于是他给了我3个又大又肥的面包卷，这使我感到惊异。我拿着那3个大面包，口袋里装不下，我就两胁下各夹着一个，一边走一边吃，我就这样沿着市场街走一直走到第四街，经过后来成为我岳父的瑞德先生门口。我未来的老婆这时恰巧站在门口，看见了我，觉得我的样子十分窘迫可笑，事实也真是这样。接着，我转了一个弯，到了板栗街和胡桃街的一段，一路上我仍然吃着面包卷，又转了一个弯以后，发现我又回到了市场街码头，我坐在来波士顿的那只船的附近。我跑到码头上去喝了一通河水。我吃完了一个面包卷，肚子就觉得已经饱了，于是就把其余的两个送给了跟我们一同坐船来的妇人和她的孩子，她们正等着开船继续前行。

饭后，我又跑到街上去了。这时街上有许多穿着整齐的人都在向着同一个方向走着，我就跟着他们走，来到了市场附近一个规模庞大的贵格会的会所。我在他们中间坐了下来，四面看了一会儿，听不见有谁讲话，由于第一天晚上的劳动和缺乏睡眠，我感到十分困倦，接着就睡着了，一直睡到散会时为止。这时，有一个人善意地叫醒了我。因此，这个会所是我在费城踏进过的或是歇息过的第一个场所。

我又向河边走去，一路上我注视着人们的脸，遇见了一个面色和蔼的年轻贵格会教徒，我就向他打招呼，请他告诉我外地人在什么地方可以找到旅店。当时，我们是在"三个海员"的招牌附近。他就说："这里就有一个招待外地人的旅店，但是它的声誉不好，如果你愿意跟我来，我可以告诉你一家较好的旅店。"他就带我来到坐落在水街的"弯曲旅店"，在这里我吃了一顿午餐，在吃饭时，他们问了我一些试探性的、很机智的问题，因为我年轻的样子，跟我的穿着不太一致，他们可能猜疑或许我是一个逃犯。

刚吃过午饭，我又感到困倦了，他们给了我一张床，我就和衣而睡，一觉睡到晚上6点钟，直到他们叫我吃晚饭。吃完晚饭，我也很早就上了床，酣睡到第二天清晨。第二天一早醒来，我把自己好好打扮了一番，前往安德鲁·布拉德福德的印刷铺去。在铺子里我看见他父亲威廉，我在纽约见过这老先生。他是骑马来的，因此比我先到费城。他把我介绍给他的儿子，他儿子很客气地接待了我，招待我吃了早餐，但是他说他目前不需要助手，因为最近他刚招了一个人，不过城里另外有一家老板叫凯默的新开了一家印刷铺，他或许可以雇用我。假如他那不要人，我可以暂住在他的店里，他会不时地给我一些零活干，直到我找到工作为止。

威廉说他要和我一同去见那个新印刷铺的老板。当我们找到了凯默的时候，威廉说："朋友，我带了一个年轻印刷工人来见你，或许你正用得着。"凯默问了我一些技术方面的问题，然后给我一个排字架看我如何操作，接着他说：虽然他一时还找不到事情给我做，但他用不了多久就可以雇用我。他虽然从未见过威廉，却把年老的威廉当作镇上的一个对他持有善意的市民，大谈他目前企业的情况和对未来的展望。威廉没有透露他是城里另外一家印刷铺老板的父亲，听到凯默说他预期不久可以把城里绝大部分的印刷事务承包下来，就用一些巧妙的问题和一些小小的质疑，把对方的全部意图都诱了出来：他靠了谁的势力，他准备如何运作。我站在一旁，听见了他们的全部谈话，立刻看出他们中间有一个是一只狡猾的老狐狸，另一个只是一个新手。威廉让我留在凯默处，自己走了。当凯默听到我说出威廉是谁的时候，他大为震惊。

我发现凯默的印刷铺里只有一架陈旧破烂的印刷机和一套磨损了的小号英文铅字。这时候他正在用这套铅字排印一首纪念前文提过的阿奎拉·罗斯的挽歌。罗斯是一个天赋异禀的年轻人，品德高尚，在城里很受人们的器重，是州议会的秘书，也是一个不错的诗人。凯默也写诗，但是写得很烂。实际上你不能说他写诗，因为他作诗的方式是直接把头脑中的思想排成铅字。这样，因为没有稿子，只有两只活字盘，而挽歌又很可能需要用全部的铅字，所以没有人可以帮他的忙。我设法把他的印刷机（这机器他尚未用过，他对印刷机是一窍不通）整理了一下，使它适合于印刷，我答应等他把他的挽歌一排好，就来印刷。接着，我就回到安德鲁的印刷铺去了。安德鲁暂时给我一点零活干，我就在那里免费吃住。几天之后，凯默来叫我去印挽歌。这时，他已经弄到了另外两只活字盘，有一个小册子要重印，他就叫我做这项工作。

我发现这两个印刷店的老板对他们的业务都不精通，布拉德福德原来不是学印刷的，而且文化程度很低。凯默虽然有点学问，但只能排字，不懂印刷。他曾经是法国先知派②的教友之一，能够装得像他们那样的热烈和激动。此时他并不表明信仰什么特殊教派的宗教，只是随机应变，各种教派都信一点。他完全不懂世故，而且后来我发现他性格里很有点痞气。当我在他这里工作的时候，他不喜欢我住在布拉德福德那里。他原有一所房子，但是里面没有家具，所以他无法安置我，可是他替我在他的房东，就是前面提过的瑞德先生那里找到了住处。这时候我的箱子和衣服已经运来了，在瑞德女儿的眼里，我的样子可比她第一次巧遇我在街上吃面包卷时体面多了。

这时我开始认识了城里一些爱好读书的年轻人，晚上我很愉快地跟这些人在一起，靠着我的勤俭，我赚了一点钱，日子过得很舒服。我尽可能地把波士顿的不快忘掉，而且除了科林斯以外，我也不要波士顿的任何人知道我的住处。科林斯是知道我的地址的，当我写信给他时，他会保守秘密。最后，发生了一件偶然的事情，使我比我原定的时间提早许多重回了波士顿。

贵人相助

我有一个姐夫叫罗伯特·霍尔姆斯，他是一只行商于波士顿和特拉华州之间的帆船的船主。当他在费城南面40英里的纽卡斯尔时，打听到了关于我的消息，他写了一封信给我，提到在我突然出走后，波士顿的亲友们的挂念和担心，向我保证他们对我的善意，表示只要我

---

② 法国先知派（French Prophets）：1706 年由法国传入英国，自称能预知未来，能说万国方言，能行奇迹等等。他们宣扬天国即将来临，劝人实行原始共产主义社会。

回去，一切都可以按照我的心愿安排，他十分诚意地劝我回去。我回了他的信，感谢他的劝告，但是我详尽地讲了我离开波士顿的理由，这样使他相信我的出走不是像他以前想象的那样不近情理。

宾夕法尼亚的州长威廉·基思爵士这时在纽卡斯尔。当我的信送到时，我姐夫刚巧跟州长在一起，就跟他谈起了我，并把我的信给他看了。州长看了我的信，当他听闻我的年龄时，似乎感到惊异。他说看来我是一个有前途、有才能的青年，因此应当加以鼓励。他说费城印刷铺的业务质量非常差，假如我在那里创业，一定会兴旺发达。而且他愿意设法替我招揽公家的印刷生意，并在其他任何方面尽力帮助我。这是我姐夫后来在波士顿讲给我听的，但在当时我还一无所知。有一天，当我和凯默一块儿在窗口工作的时候，我们看见州长和另外一位绅士（后来知道他是纽卡斯尔的富兰契上校）穿着华丽的衣服，穿过街巷向我们的铺子走过来，接着我们听见了叩门声。

凯默立刻跑下楼去，以为是来访他的客人，但是州长要见我，跑到楼上来，他谦逊有礼地向我说了许多客套话，表示愿意与我相识，好意地责怪我当我初来费城时为什么不让他知道，同时邀我和他一同到酒馆去，他和富兰契上校原是打算到那里，据他说，去品尝一些上等的白葡萄酒。我受宠若惊，凯默却是瞪着眼呆若木鸡。我陪着州长和富兰契上校到一家在第三街拐角上的酒馆去了，酒过三巡，州长劝我自己创业，并告诉我成功的可能性很大，州长和富兰契上校都向我保证，他们要利用他们的影响力帮我拉揽军政方面的公家生意。当我提出不知道我父亲愿不愿意在这件事上协助我的时候，州长说他要我转交一封写给我爸的信，在信里他要叙述这一计划的优势，他确信一定能说服他。事情就这样决定了：我将搭坐下一班的船，带着州长向我爸推荐我的信，回到波士顿去，但在其间我们的计划暂不宣布，我照常在凯默的印刷铺继续干活，州长不时邀我去吃饭（当时我想这是一种莫大的光荣），同时他用一种意想不到的殷勤、亲密和友好的态度跟我谈话。

第五章

重回故里

阔别7个月后重回故里

　　大约在1724年4月底，我以回波士顿拜访亲友的名义，辞别了凯默，搭船前往波士顿。州长给我一沓厚厚的信，信中向我父亲说了许多夸奖我的话，大力地推荐我在费城创业的计划，认为这一事业必然会使我发达。没想到这次行船也不顺，我们的船在驶入海湾时碰上了沙洲，船体出现了裂缝，这时候海上波涛汹涌，我们必须几乎连续不停地抽水，我也轮流值班抽水。大约经过了两个星期的时光，我们平安地到达了波士顿。到那时我已经离开波士顿7个月了，我的亲友们一点也没有听闻关于我的消息，因为我姐夫霍尔姆斯还没有回来，也没有写信提到我。我突然出现在他们面前，全家人都很吃惊，但是大家看到我都很快乐。除了哥哥詹姆斯外，大家都热情款待我。

　　我到他的印刷铺里去看他，我从头到脚穿了一套全新的时髦西装，挂了一只怀表，口袋里装了差不多五英镑的银币，跟我在他那里当学徒时比，简直是一个天上一个地下。他尴尬地接见了我，把我从头到脚打量了一番，然后又干活去了。

店里的伙计们叽叽喳喳，对我很好奇，想知道我一直在什么地方，我到的是一个什么样子的地方，我喜欢不喜欢那个地方。我对那个地方和我在那里的愉快生活大加赞扬，表示我有打算回去的意图。他们中间有一个人问我在那里使用什么样子的钱，我就拿出了一把银币，铺在他们面前。这种银币让他们大开眼界，因为在波士顿通用的是纸币。接着我又乘机让他们看看我的怀表，我的哥哥詹姆斯仍然绷着脸，显得不高兴，最后我送了他们一块钱去买点酒喝，就告辞了。

我这次探望使詹姆斯大为不快，因为，当我妈妈过了一些时候向他提起和解，并表示希望看到我们和睦地相处在一起，在将来还能手足相依的时候，他说我曾在他的徒弟面前，用一种使他永远不能忘记或是饶恕的方式羞辱了他。但是，这一点他却弄错了。

我爸爸对于州长的信件，显然表示有点惊奇，但是他好几天不对我提这件事。当姐夫回来时，他就拿信给他看，问他是否认识州长，那人怎么样。他又表示他的意见，说此人考虑事情一定不很周到，他竟想叫一个离成年还差3年的男孩子去创业。姐夫尽力表示赞同这计划，但是我保守的父亲坚决认为这个计划不合适，最后他直截了当地否决了它。然后他给州长回了一封措辞婉转的信，感谢他对我的恩惠和栽培，但是表示他还不能资助我创业，因为他觉得我年纪还太小，他不能相信我能经营管理这样一种需要巨额开办费的重大企业。

我的朋友科林斯那时是当地邮局的一个职员，他听了我去到的新地方的见闻，十分欢喜，因此决定要跟我一起去。当我还在等爸爸作决定时，他先从陆路出发去罗德岛了。他收集了许多关于数学和自然哲学的书籍，这时他把书留下来，等我把它们跟我自己的书一同带到纽约去，他打算在纽约等我。

虽然爸爸不能赞同州长的计划，但是他对于我能够获得位高权重的州长的这封推崇备至的推荐信，对于我在这样短的时间内，靠着自己的勤劳和谨慎，能够干得这么体面，他仍然倍感欣慰。因此，既然我跟哥哥之间没有和解的可能，他就答应让我回到费城去。

临行前，爸爸告诫我对当地人士应当谦恭有礼，好获得人们的一致好评，切勿嘲讽和诽谤，他认为我过分热衷于此。他还告诉我靠着不断的辛勤劳动和耐心节约，到我21岁时我或许能有足够的积蓄供我创业。假如到了那时候，我的积蓄接近所需的资金，那么他会帮我凑齐剩余部分。除了当我上船再回纽约时，他给我的表达舐犊之心的一些小小纪念品以外，这就是我所能得到的一切了。和上次我去纽约不同，这次去是获得了他们的同意和祝福的。

取道纽约

帆船停靠在罗德岛的纽波特，我就顺路去拜访我的哥哥约翰。他结了婚，在这里已经住了好几年。他很热情地接待了我，因为他一直爱我。他的一个叫贝隆的朋友，有人在宾夕法尼亚欠他一笔钱，大约是35镑，他要我代他收回这笔钱，并代为保管，直到我接到他的通知告知我如何把款汇寄给他时为止。因此，他给了我一张汇票。这件事后来带给我很多不安。

在纽波特我们船上来了好几个到纽约去的旅客，其中有两个年轻女子，以及一位严肃、通达、管家婆似的贵格会妇人和她的仆人。我对这位妇人谦恭有礼，欣然地愿为她做些小事。我想这使她对我有了一些好感。因此当她看到我和两个年轻女子之间的关系一天比一天火热起来，而且她们也好像欢迎这种发展时，她把我拉到一边说："年轻人，我替你担心啊，因为你身旁没有朋友，你好像也不大懂得世道或年轻人容易落入的圈套。相信我，这两个女的不是什么好人，我可以从她们各种各样的行为中看出来。假如你不当心，她们会陷害你。你跟她们素昧平生，为了对你的幸福表示友好的关怀，我劝你不要和她们来往。"

由于当时我并没有产生如此的厌恶感，她就提到了她观察到和听到的，但被我疏忽了的一些事情，当时她使我相信她是对的。我感谢了她的善意忠告，答应信奉不渝。当我们到达纽约时，那两个女子告诉我她们住在什么地方，邀请我去她们那玩，但是我没有去，也幸亏如此，才逃过了一劫。因为第二天船主丢了一只银制的勺子和一些其他的东西，这些东西是在他的舱房里丢的。而且船主知道这两个女子是妓女，他就领了一张搜查证搜查了她们的住宅，找到了赃物，这两个女贼也受了处罚。因此，虽然在途中，当一块沉在海底的大岩石擦过我们船边的时候，我们总算躲过了这一暗礁，但是我想，这次避开这两个女子，对我来讲，重要性更大。

在纽约，我找到了我的朋友科林斯，他比我早一些时候到了纽约。他家里条件比我好，读的书比我多，钻研的时间也比我长，同时他的数学天赋极高，因此在数学方面我望尘莫及。当我在波士顿的时候，大部分的闲聊时光是跟他在一起度过的，他当时仍然是一个滴酒不沾的勤快小伙子，他的学识颇受当地几个牧师和其他绅士们的尊敬。他看起来像是一个将在社会上大展身手的有为青年。可惜，在我不在波士顿的时候，他染上了嗜喝白兰地酒的习惯。从他自己的讲述和旁人的描述中，我知道自从他到了纽约以后，每天都喝得酩酊大醉，举止行为十分乖戾。他还赌博，输了个精光，这样我就不得不替他付房租，并负担他赴费城的差旅费和在费城时的生活费，这些负担是我的一个巨大包袱，后来给了我极大的麻烦。

当时纽约的州长伯内特（伯内特主教之子），听到船主提起在他的乘客中有一个年轻人带了一大堆书籍，就要求船主把我带去见他，因此我就去拜访他。若不是因为科林斯当时已经烂醉，我一定会带了他同去。那位州长非常殷勤地招待我，带我参观他的藏书室，那是一个很大的藏书室，我们谈了许多关于书籍和作家的话题。我荣幸地得到州长们的青睐，这是第二次。这种赏识对一个像我这样的穷小子来说是令人雀跃的。我们向费城前进了，在路上我收到了贝隆的那笔钱。假如没有这笔钱，我们几乎就到不了目的地了。科林斯想当会计，虽然他有一些推荐信，但对方或是从他的呼吸或是从他的举止看出了他是个酒鬼，因此他的工作一直没着落。他继续跟我同吃同住，费用当然是我来买单。科林斯知道我代收到的那笔大钱，就一个劲地向我借钱，口口声声说他一上班就马上还给我，我一心软就答应借给了他。到了后来，他借了我很多钱，搞得我都挪用了贝隆那笔钱，当我想到如果贝隆要我把钱汇给他，我该怎么办时，我感到焦虑又不安。

他还是经常喝酒。我们有时也为了这件事争吵过，因为当他稍有醉意的时候，脾气就变得很坏。有一次，当我俩跟其他几个年轻人在特拉华州划船，轮到他划船时他不肯，他说："你们把我划回家去吧。"我说："我们决不替你划。"他就耍赖说："你们非划不可，否则咱们就在这水上过夜，随你们的便。"其他几个年轻人有点怕了，说："让我们划吧，这也没什么关系。"但是，因为我也生气他另外的一些事情，我还是不肯划船。所以他起誓他一定要我划船，否则就把我扔入河中。这样他站在坐板上向我走过来。当他跑上来打我时，我一手抓住了他的腿，同时站了起来，把他两脚朝天地扔入水中。我知道他水性好，因此并不为他担忧，但是在他转过身来想要抓住船舷时，我们划了几下把船划到他够不到的地方。每当他游近船旁时，我们总是问他究竟愿不愿意划船，同时划几下使船离开他。他气得要死，固执地不肯答应划船。当我们后来看到他有点疲惫时，把他捞了起来，在一个黄昏中我们把他全身湿淋淋地送回家去。此后我们总是相互顶撞吵嘴，不是很和谐。后来，一个西印度的船主，受人的委托要替巴巴多斯群岛的一个乡绅的儿子找一位家庭教师，偶然遇见了他，同意送他到那里去。这样他离开了我，走之前他还说一领到钱就把它汇给我偿清债务，但是后来便杳无音信。

破戒食荤

动用贝隆这笔款项是我一生中早期重大的错误之一。这件事说明了当时爸爸认为我太年轻，还不能经营大企业，他的判断是相当正确的，但是当州长读了爸爸的信时，他说我爸过于谨慎了。他说人不能一概而论，年长的人不一定谨慎，年轻的人也不全是轻率的。"既然他不肯帮你创业，"他说，"我来帮你，你把必须从英国采购的东西开一张单子给我，我去订购。你以后有能力时再偿还给我好了。我决定要使这里有一家优良的印刷铺，我相信你一定会成功。"他说这话时，态度是相当诚挚的，我深信他是认真的。

在那时以前，我严守费城创业计划的秘密。假如人家知道我把希望寄托在州长身上，可能一些知晓他性格的友人会劝我不要信他，因为后来我听说他滥许承诺而又不打算履行的性格是人尽皆知的，但是因为我根本没有请求他帮助，我怎么会想到他那慷慨的援助会是虚假的呢？我还以为他是世界上最好的人呢。

我开了一张小印刷铺设备的清单。据我的估计需100英镑左右，我把清单交给州长，他很高兴，但是问我假如我能够亲自在英国现场选择铅字，并且检查各种零件的质量，是不是方便些。他说："那么，当你在那里的时候，你可以认识一些人，并且可以在贩卖书籍和文具方面建立生意往来。"我同意这样做或许会是有益的。"那么，"他说，"做好准备坐安妮丝号去。"安妮丝号是当时一年一度经常往来伦敦与费城之间的唯一船只，但是离安妮丝号起航，还有几个月的时间。所以我继续和凯默在一块儿工作，心里也不踏实，都怪那不靠谱的科林斯从我这里借钱，我每天提心吊胆，担心贝隆来提款，但是过了几年这件事也一直没有发生。

我相信我忘了讲一件事：在我第一次从波士顿来费城的旅途中，因为风浪太大，船停靠在布洛克岛，乘客开始捕捉鳕鱼，并且收获满满。到这时为止，我坚守我不食荤食的决心，在这种场合，我同意我的老师屈理昂所说的，他认为每捉一条鱼等于是一种无缘无故的谋杀，因为鱼过去既没有伤害我们，将来也不会，我们没有正当的理由去杀害它们。这一切好像十分合情合理，但是在过去我是非常爱吃鱼的，因此当热气腾腾的鱼刚从炸锅里捞出来时，那种扑鼻的香味非常美妙。我一度摇摆在原则和喜好之间，直到后来我记起了在剖鱼时，看见有人从鱼肚里拿出小鱼来，这时候我想："你们自己都能互相吞食，我为什么不能吃你们呢？"想起了这个理由，我就痛快地吃了一顿鳕鱼，以后还继续和别人一起吃鱼，只是偶尔有时恢复素食罢了。做一个有理性的生物原是这样方便，因为理性能使人找到或是制造理由，去做自己心里想做的事。

我和凯默相处得很好，意见也还相投，因为他一点也不知道我创业的事。他在很大程度上还保持着他往日的虔诚狂信，酷爱争辩，因此我们争论了多次。我常常用苏格拉底的对话法来使他跟我论辩，用一些看起来显然离题万里的问题提问，逐渐地把他引入窘境，把他诱进各种困难和矛盾之间，我用这种方法常常叫他中了圈套，甚至最后他变得几乎连最普通的问题也不愿回答，总是先问"你究竟想说什么呢"，但是，这件事却使他对我的辩才有了颇高的评价，他甚至认真地提议要我作为他的同事，帮他创立一个新的教派。他打算讲道，要我去驳斥一切反对者。当他向我说明他的教条时，我发现其中有一些莫名其妙的东西是我所反对的，除非也可以同样加入一点我的意见，介绍一点我自己对宗教的看法。

凯默留着长胡子，因为在摩西法中有这样一条："不许毁损你胡须的边缘。"同样他也以星期六为安息日，这两点对他是必不可少的。我可全不喜欢，但是我同意将它们放入教条中，假如他能接受不吃荤食这一条，但他说："我担心我身体会吃不消。"我向他保证身体不受影响，他的健康还会因此而变得更好。他喜欢各种美食，因此我暗自寻思：将来看着他半饥半饿的样子倒也会很好玩。他同意试行素食，假如我愿意陪他的话。我陪着他坚持了三个月的素食。我们的食物经常是由一个邻居阿姨烹调后送来的。凯默从我这里拿去一张开着40种菜肴的单子，邻居阿姨可以随时替我们烹调这些菜，在这些菜肴中没有鸡鸭鱼肉，全是素菜。这种想入非非的念头这时候更合乎我的要求，因为它省钱，每人每周所费不超过18便士。从那时起我曾经几次十分严格地守大斋节，突然地从平常的食物转换到吃斋时的食物或是从吃斋换到平常的伙食，我一点也没有什么不便，因此有人劝告说吃斋时应当依照易行的级次逐渐改变，我认为这话是没有什么道理的。我很愉快地吃着素食，但是可怜的凯默却苦不堪言。他对这个计划已经感到厌倦，一心向往着美味佳肴。有一次他请我和两个女友吃烤猪肉，但是因为烤猪肉上桌太早了，他无法抵抗那种诱惑，在我们到达之前，他就把它全部吃光了。

4个青春好友

在这期间我跟瑞德小姐相爱了。我非常尊敬她，也爱慕她，我也有理由相信她对我也一样。但是，因为我即将到海外作长途旅行，同时我们都很年轻，刚过18岁，她妈妈认为最稳妥的办法是我们目前暂时不要操之过急。因为如果决定要结婚的话，那么最合适的时候是在我从海外回归之后。到那时候，像我所预料的那样，我将自己创业。也许她也觉得我的预期并不像我想象的那样确实可靠。

这个时候，我主要的朋友是查理·奥斯朋、约瑟夫·沃森和詹姆斯·拉尔夫，他们全是好学之士。前两个是镇上一个有名的公证人——查理·布罗格登的秘书，另一个是一个商店的店员。沃森是一个虔诚明达的年轻人，正直诚实，其他两个对宗教信仰比较淡漠，特别是拉尔夫。拉尔夫这个人，像科林斯一样，受了我的影响，因而他的宗教信仰发生了动摇。为了这事他们两人都使我自食其果。奥斯朋通情达理、正直坦率，对朋友诚恳而又热情，但是在文笔方面，他过分地喜欢批判。拉尔夫聪明多才，风度优雅，而又十分雄辩，我想我从来没有见过这样一个善于辞令的人。这两个人都十分爱好诗歌，因此试写了几首小诗。在礼拜天，我们4个人常常一起愉快地到斯古基河附近的森林中去散步。在森林里，我们轮流朗读作品给大家听，然后大家一起座谈这些作品。

拉尔夫喜欢学习诗歌，深信他会因此而成名发达。他非常乐观，说他现在写得不上档次不要紧，即使是最出色的诗人，他们一开始作的诗也很烂。奥斯朋却觉得他不是诗人那块料儿，劝他放弃诗人的梦想，专心致力于他的本职工作，不要想法太多。他说拉尔夫在商业方面是有天赋的，虽然拉尔夫没有资金，但靠着他的勤勉和本分，他可以当一个代理商，假以时日，积累资金，然后独立经商。而我赞成拉尔夫偶尔写写诗消遣一下，改进自己的语言风格，但是除此之外，我也认为可能性不大。

关于写诗，这时我们朋友中有人提议，为了相互观摩、批评和改进，我们每人在下次会面时拿出一篇自己写的诗来交流。因为我们的目标只限于一种语言的表达方式，不考虑虚构幻想，所以大家一致同意我们的课题是改写《诗篇》第18篇，这一篇描述上帝的降临。当会期将到时，拉尔夫首先告诉我他的诗已经写好了。我告诉他我一直没时间，也没有兴趣，因此没有写。然后他给我看他的诗，并征求我的意见。我十分欣赏这首诗，因为在我看来它似乎是一首十分优秀的诗。他说："但是奥斯朋决不肯承认我的任何作品会有一丝一毫的优点，由于忌妒，他总是千方百计地加以攻击。他对你并不怎么妒忌，因此我希望你拿着这首诗，把它当作你自己的交上去，我将假装没有写。"我同意了，我立刻把它誊写了一遍，使它看起来好像是我写的。

我们开会了。沃森的诗读了出来，里面有些佳句，但是缺点也不少。奥斯朋的读了出来，比沃森的好多了。拉尔夫主持公道，他指出了一些缺点，但是称赞了它的佳句。我很忸怩，好像想请求弃权似的，说我没有时间修改诗作等等的话，但是他们不允许任何借口，所以我只能把诗读了出来而且重复了一遍。沃森和奥斯朋自认输了，退出了比赛，跟大伙儿一起热烈地赞扬着。拉尔夫仅仅提出了一些批评，建议作一些修改，但是我替我的原文辩护。奥斯朋反对拉尔夫，说他的批评比他的诗高明不了多少，所以拉尔夫也就不再争辩了。当他们两人一起回去时，奥斯朋对"我"的作品更加赞不绝口，他说他早先抑制了自己的赞赏之辞，因为怕照实说出来我会认为是当面阿谀。"但是过去谁想得到，"他说，"富兰克林能写出这样的作品，如此绘声绘色、如此坚强有力、如此热情！他甚至改进了原来的《诗篇》。在他日常谈话中他好像词不达意，讲话结结巴巴，甚至错误百出，但是天啊，他写得多好呀!"当我们下次会见时,拉尔夫揭穿了我们开的玩笑,大家都笑了奥斯朋一阵。

这一事件使拉尔夫立志要成为一个诗人。我尽己所能劝阻他,但他还是继续写诗,直到伟大的诗人蒲柏说服了他。不过,他后来成了一个相当好的散文家,后面我还要提到他。但是因为也许我后面不再有机会提到其他两个,我在这里交代一下:过了几年,沃森躺在我的怀抱里死去了,使我大为悲痛,他是我们当中最优秀的一个。奥斯朋到西印度群岛去了,在那里他成了一个著名的律师,赚了钱,但是英年早逝了。我和他曾经认真地订了一个契约:谁先死,如果可能的话,就应当向对方作一个友好的探访,告诉他死后的情况如何,但是他从来没有履行他的诺言。

第六章

初次旅欧

基思州长表面上好像很喜欢和我来往，常常叫我到他家去。在谈到他帮我创业这件事的时候，总是当作板上钉钉的事提出来。除了银行汇信，使我获得购买印刷机、铅字和纸张等所必需的款项外，他说他将给我写一些带给他朋友的推荐信。他好几次指定了写好这些信件的日期，叫我去领取，但是到时候却总是又延期。这样五次三番地拖着，直到那只船快要启航了。那时，当我去辞行领取信件时，他的秘书拜耳医生出来见我，说州长正拨冗写信，但是在开船之前他会到纽卡斯尔来，在那里他会把信件交给我。

拉尔夫，虽然已经结了婚，有了一个孩子，还是决定陪我去英国。我猜他同时也是去建立生意上的联系，获得可以代销的货品，抽取佣金，但是后来我知道由于他对他妻子的亲戚不满，他打算把他妻子交给他们，自己永不再回来了。

我辞别了我的朋友，跟瑞德小姐交换了海誓山盟以后，就坐船离开了费城，船不久就停泊在纽卡斯尔。州长果然在那里，当我到他住所去的时候，他的秘书出来接见我，传达了他的口信，措辞的谦恭是世界第一的，说他那时因有十分重要的公务在身不能见我，但是他会把信送到船上来的，他衷心地祝我一路顺风早日归来等等。当我回到船上时，我有点迷惑了，不知他是不是敷衍我，但我还是没有怀疑。

费城的一个著名律师安德烈·汉密尔顿先生带了他的儿子乘坐同一只船，他跟一个贵格会的商人德纳姆先生和马里兰一家铁厂的两个老板奥宁先生和罗素先生包了正舱，这样我和拉尔夫就不得不坐三等舱了。我们在船上一个熟人也没有，所以他们把我们当作普通人，但是汉密尔顿先生和他的儿子（是詹姆斯·汉密尔顿，后来当了州长）从纽卡斯尔回到费城去了，老汉密尔顿为了替一只被没收的船进行辩护，被人用重金请回去了。

州长食言

在我们刚要起航前，富兰契上校上船来了，跟我寒暄一番，对我颇为器重。那些绅士都注意了我，因此邀请我和拉尔夫住到正舱里去，而且这时候有地方空余出来了，于是我们就搬入了正舱。

我猜测富兰契上校已经把州长的公文送到船上来了，因此我向船主要那些委托我保管的信件。船主说所有的信都一起放在信袋里了，这时候他一时没法拿出来，但是在我们到达英国前，他会给我机会把它们拣出来。这样我就暂时安心了，我们继续向前航行。可能由于长途旅程比较无聊，舱中的乘客很健谈，同时我们的饮食特别丰盛，因为除了普通的伙食外，我们还额外有汉密尔顿先生的饮食必需品，汉密尔顿先生原来贮备了很丰富的食物。

旅途中德纳姆先生跟我结成了朋友，我们的友谊一直延续了下去，直到他辞世。天公不作美，有许多日子天气非常恶劣，搞得我们这次旅程有些不舒适。

我们驶入英吉利海峡后，船主兑现了许诺，让我在信袋里寻找州长的信件。我找不到一封委托我保管的信，我挑出了六七封信，按照信上的笔迹，我猜想可能是那些约定的信件，特别是因为其中有一封是写给皇家印刷所巴斯吉的，另一封是给一个文具商的。

1724年12月24日我们到达了伦敦，下船后我就去拜访那个文具商，他离我住的地方较近，我递上基思州长的信。"我不认识基思这个人，"他说，但仍一面拆信，一面说："哦，这是里德尔斯登的信。近来我发现他是个十足的骗子，我将与他断绝来往，不收取他的任何来信。"这样，他把信放在我的手中，转过身去，离开我去接待一个顾客了。当时我就惊呆了，居然出了这样的差错，这些信不是州长写的。我回忆了一下前后的经过，而且还对比了先后的事实，我开始怀疑州长的诚意了。我找了我的朋友德纳姆先生，向他倾诉这件事，他说他了解州长的性格，州长是绝对不可能替我写信的，而且无论哪一个知道州长的人都不会信赖他。当我说州长会给我汇款时，他笑了起来，说这是绝对不可能的。

州长给我的许诺一下子落空了，我非常担心以后该怎么办，德纳姆劝我先立足，设法在我的本行中找一份工作。"在这里的印刷铺里工作，你可以提高你的技术，等你回到美洲去时，你创业的条件会更好的。"

我们两人，像那个文具商人一样，碰巧知道里德尔斯登这个律师是一个彻头彻尾的无赖。他唆使瑞德小姐的父亲拜他为师，订立师徒契约，几乎使得瑞德先生破了产。从这封信里看来，好像有人正在酝酿着一个不利于汉密尔顿的阴谋（他们假定汉密尔顿是跟我们一起到英国来的），而这一阴谋又牵涉到基思州长和里德尔斯登。

德纳姆是汉密尔顿的一个朋友，认为我应当告诉汉密尔顿这封信的内容。这样，既能发泄我对基思州长和里德尔斯登的愤怒与憎恶，又能向汉密尔顿示好。当汉密尔顿不久后到达英国时，我去拜访了他，并把这封信给了他。他诚挚地感谢我，因为这一消息对他是很重要的。从此以后，他成了我的朋友，也多次帮助了我。

但是基思身为一州之长，却玩起这种卑鄙无聊的把戏，那样下流地欺骗一个天真无辜的孩子，我们又将如何理解呢？原来这是他习惯性的欺骗，他想讨好大家，但又力不从心，所以他就只能许诺给人希望，肆意开空头支票。除此以外，他倒是一个聪明、明事理的人，写的一手好文章，对老百姓来说他是一个好州长，虽然对他的选民有产阶级来讲，却并非如此，因为他们的指令他有时候置之不理。我们有一些最好的立法是他规划的，并且是在他任期内通过的。

朋友决裂

我和拉尔夫是不可分离的伴侣，当然也是难兄难弟，我们一同寄宿在小不列颠，每周租金3先令6便士，这可是我们当时所能支出的最高租金啊。拉尔夫找到了一些亲戚，但是他们很穷，帮不上什么忙。这时他告诉我他想留在伦敦，压根就没有回费城的想法。他除了自己买的船票外，身上没有余钱。

我还好点，身上有15块西班牙币，因此在他找工作求职的时候，偶尔向我借一点钱维持生活。拉尔夫找工作很不顺利，一开始想进戏院打工，他相信自己适合做演员。他向威尔克斯申请剧场工作，威尔克斯坦率地劝他别再想这行了，因为他不可能在这方面有所成就。接着他向圣父街的一个出版商罗伯茨提议替他编一份像《旁观者》一样的周报，他提出了一定的条件，但是罗伯茨不同意这些条件，因此也不了了之。以后他就设法寻找作家助手的工作，替出版商或是法学院的律师们抄写文书，但是这方面他也找不到空缺。

我找工作还顺利，很快在帕尔默的印刷铺里找到了工作，这是当时开设在巴塞罗谬巷的一家著名的印刷所，在这里我继续工作了近一年的时间。我工作非常卖力，但是我把自己工资的很大一部分，花在与拉尔夫同去剧场和其他娱乐场所了。没多久，我身上那15块钱就花光了，现在我们仅仅能够勉强糊口。他好像完全忘了他的妻子和孩子，而我也逐渐地忘了我跟瑞德小姐的誓言。我只给她写过一封信，在那封信里我告诉她我短时间内回不来。这是我一生中另一个重大错误，假如我能重走人生路，我愿意纠正这个错误。事实上，由于我们的开支太大，我没有钱买船票回费城。

在帕尔默的印刷所里，我被指定替沃拉斯顿的《自然的宗教》第二版排字。我是有质疑的精神，他的理论有些地方在我看来，证据不太充分，因此我写了一篇篇幅简短的叫作《论自由和必然、快乐与痛苦》的哲学论文，大胆地批评这些理论，并印刷了一些。这使得帕尔默对我较为重视，以为我是一个有些聪明才能的年轻人，虽然对于这本小册子所包含的那些理论，他严肃地告诫我，他认为是十分讨厌的。印刷这一小册子又是我的一个错误。当我住在小不列颠时，我结交了一个叫威尔科特斯的书商，他的书铺就在我住处的隔壁，他拥有大量的旧书。当时流通图书馆还不存在，所以我们达成了协议，我出一笔合理的费用，数目我现在已经记不清了，我可以借阅他的任何书籍。我把这看作是莫大的便利，因此我就尽量地利用它。

不知是通过何种方式，我的小册子被一个叫里昂斯的外科医生看到了，他写过《人类判断的不谬性》一书，因此我们就以文会友相识了。他很器重我，常常来看我并一同讨论文学问题，带我到伦敦齐普赛街的某条巷里一家名为荷恩斯的淡啤酒店里去，把我介绍给政治讽刺诗集《蜜蜂寓言——私恶即公益》的作者伯纳德·曼德维尔博士。曼德维尔在那家酒店里成立了一个俱乐部，他十分幽默风趣，因此他成了这个俱乐部的灵魂。里昂斯也替我介绍了在巴特森咖啡馆的彭伯顿博士。彭伯顿答应早晚替我找一个机会见见大科学家艾萨克·牛顿爵士。我是极想有这样的一个机缘的，但是这件事从未实现。

我从美洲带来了几件珍贵的东西，其中最主要的是一个用石棉制成的荷包，这个荷包要用火来洗涤。大收藏家汉斯·斯隆①爵士听到了这件事，就来看我，邀请我到他在布鲁斯贝利广场的府上去，在那

---

① 汉斯·斯隆（Hans Sloane）爵士是一名内科医生，更是一名大收藏家，其收藏品来自世界各地。1753年他去世后遗留下来的个人藏品达79575件，还有大批植物标本及书籍、手稿。根据他的遗嘱，所有藏品都捐赠给国家。这些藏品即成了大英博物馆的发端。

里他给我看了他所收藏的全部珍品，并劝我把荷包转让给他，使他能把它纳入他的珍藏。为此，他慷慨地付给我一笔很高的费用。

有一个年轻的女帽商住在我们寄宿的宿舍里，我想她可能在修道院街有一家铺子，她接受过贵族式的教育，通情达理、举止活泼，谈吐很风趣。在晚间拉尔夫读剧本给她听，他们逐渐地亲昵起来。后来她搬到另外一个寄宿宿舍去，拉尔夫也随她同去。他们同居了一些时候，但是由于拉尔夫仍然没有工作，而女帽商的收入又不足以维持他俩和她孩子的生活，因此他就决心离开伦敦去尝试做乡村教师。

拉尔夫字迹清秀，而且擅长算术和记账，他认为自己很有资格做教师，但是他骨子里瞧不起这种职业，认为这是一种跟他不相称的下贱职业，他深信自己在将来会飞黄腾达，到了那时候，他会不乐意人家知道他曾经干过这样卑微的工作，所以他改换他的姓氏。为了表示对我尊敬起见，他冒称我的姓，这是我后来才知道的，因为不久我接到他的来信，告诉我他住在一个小村庄里（我想是伯克郡），在那里他教十一二个男孩算术，每周薪金6便士，要我照顾那个女帽商人，还希望我写信给他，上面写明寄给那地方的教师富兰克林先生。

拉尔夫继续不断地给我来信，寄来他当时正在写的一首冗长的史诗，要我批评和指正。这些我不时地都照办了，但是我却劝阻他不要继续写诗。那时候杨斯的一篇《讽刺诗》刚发表了，我抄写了一大部分，寄给他，这首诗明确地指出那些毫无希望地追逐诗神梦想的人的愚行，但是这一切努力都无用，他什么都听不进去。诗稿不断地在每封信里寄来，同时那个女帽商人由于他的关系失去了她的朋友和生意，常常因此而穷困潦倒，向我借一些钱以救燃眉之急。

　　慢慢地我喜欢与她来往了，由于这时候我不受宗教的约束，比较放纵，同时利用她对我的依赖，我竟试图与她发生不正当关系（又一错误），但是她正当地表示了愤怒，拒绝了我，并且把我的不耻行为全部告诉了拉尔夫。结果可想而知，我们俩从此就绝交了。

　　当他回到伦敦时，他认为过去我对他的全部的好都一笔勾销了。我也明白了，我永远不能指望他偿还当初我借给他的或是替他垫付的那些钱了。在当时，这意义不大，因为他完全没有能力来偿还。和他绝交之后，我轻松了许多，因为他不会再找我借钱了，因此这时我开始想要积攒点积蓄了。

打工谋生

　　为了得到工作上的提升，我离开了帕尔默，到林肯协会广场的瓦茨印刷所去，这是一家规模更大的印刷所，我后来一直在这里工作，直到我离开伦敦时为止。当我刚进入这家印刷铺时，一开始我在印刷机旁工作，干的是重体力活，因为我以为我缺少在美洲所习惯的那种体力锻炼。在美洲印刷工作跟排字工作是不分开的。有些时候，我能够两手各提着一版铅字上下楼梯，其他工人需要两只手捧着一版铅字。那里的工人大约有50名，都是酒鬼，而我不喝酒只喝水，因此他们送了我个外号叫"喝水的美洲人"，但我比他们干活更有力量，他们感到很惊奇。

　　在我们印刷所里经常有一个啤酒店的小伙计替工人们送酒。跟我在同一架印刷机上工作的一个朋友，每天在早餐前要喝1品脱[2]啤酒，吃早餐时就着面包和乳酪喝一品脱，在早餐和午餐之间喝1品脱，吃中饭时1品脱，下午6时左右1品脱，当收工时又1品脱，他认为不喝烈性啤酒，没有力气干活。而我则以为这是一种极可恶的习惯，我设法使他相信啤酒所能产生的体力，只能与制造啤酒所使用的溶解在水中的谷物或大麦粉成正比，价值1便士的面包所含的营养比一夸脱的啤酒还多。因此，假如他吃1便士的面包喝1品脱的水，他所得到的力气将多于喝1夸脱的啤酒，但是他还是继续喝啤酒，每个星期六夜里要从他的工资中拿出四五先令当酒钱。这种费用我倒是没有的，这样这些可怜的家伙永远使他们自己处于经济上的从属地位。

几星期之后瓦茨要我到排字房去，因此我不干印刷工的工作了。排字工人却要我给他们一笔5先令的酒钱。我认为这是一种敲诈，因为我在下面印刷房里已经付过了。老板也是这样想法，不让我付这笔钱。我坚持了二三个礼拜，因此被认为是一个不受欢迎的人，他们私下里给我作了很多恶作剧。有时候我稍稍出去一会儿，他们就把我的铅字搅乱，把我的页次颠倒等等，并把这一切都说成是印刷所里的鬼魂在作怪。他们说印刷所的鬼魂，总是向那些不给他们酒钱的人作祟的。尽管老板保护我，但是防不胜防，这种恶作剧屡有发生，最后我不得不同意付了钱，因为我相信跟那些经常与自己一起相处的人交恶是愚蠢的。

后来很快我跟他们的关系就转好了，不久我在他们中获得了一定

---

[2] 1品脱等于0.5683升。1夸脱等于1.136升。

的影响力。我提议对于他们信教的工人，可以批准在印刷所里做礼拜。另外对这方面的法规作一些合理的修改，我压倒了一切反对声音，通过了这些修改方案。由于我的榜样作用，他们中间一大部分人改掉了不好的饮食习惯，早餐不再把啤酒、面包和乳饼混杂在一起吃，因为他们发现他们跟我在一起，只要花1品脱啤酒的价钱，即1便士半，就可以在一家附近的饭馆里买到一大碗热气腾腾的稀粥，而且还可以在上面洒一些胡椒粉，加上碎面包和一些牛油。这种早餐既舒适又便宜，吃了一上午都头脑清醒。

那些继续整天滥喝啤酒的人，由于酒债不还，啤酒店也不给他们赊账了，因此求我借钱给他们买啤酒，借钱的借口很有意思，他们说不喝酒的话，他们的光就熄灭了。再到星期六晚上，我等着老板发工钱，他们再还我借给他们的钱，有时候一个星期我得替他们预先垫付几乎30先令。同时，我被公认为是一个相当好的幽默讽刺家。这两件事奠定了我在他们中间的威信。我工作认真，从不缺勤（我从不因为星期天玩累了而星期一请假），因此老板觉得我踏实肯干，很喜欢我。同时，由于我技术熟练，排字非常迅速，我成了老板手下的"救火队员"，当然这种工作一般工资较高。这样，我这时候过得很舒服。

我在小不列颠的住所离单位太远了，因此我在公爵街天主教堂对面，找了一个离单位更近的地方。那是在一家意大利仓库的三层楼后楼上。房东是一个寡妇，她有一个女儿、一个女佣人和一个看守仓库的伙计，但她却住在外面。在派人到我原来住的地方了解了我的品德之后，她同意按照我原先所付的租金让我住那儿，也就是每周3先令6便士。按照她的说法，向我收的房租算是特别低的，因为有一个男人住在这所房子里，她以为可以获得一些保护，我给了他们安全感。

　　她是一个寡妇，一个年长的妇人，是一个牧师的女儿，幼年受的是新教徒的教养，但是她的丈夫使她改信了天主教，她提起她的丈夫还是十分尊敬的。过去她与社会上层人士经常往来，因此上流社会的那些遗闻轶事，甚至有些还是远在查理二世时期的事，她都了解一些。她因膝部患痛风症而成了残疾，极少离开她的卧室，因而时感寂寞。对我来讲，她的谈吐十分风趣，所以每当她感到寂寞时，我总是陪她一个晚上。我们的晚餐只是每人半条鱼、一小块面包和牛油，两人共饮半品脱的啤酒，但是她的谈话却令人心旷神怡。我经常早起早睡，生活很有规律，这些都使她不愿意我离开她那儿。我听闻在我印刷所附近有一个出租屋，每周只要2先令的租金，由于我当时一心一意地想攒钱，因此每周能省下的这点钱对我来说是相当重要的。而当我提及此事时，她叫我不要考虑那个地方，因为她愿意今后替我减去2先令，这样，我在伦敦期间后来一直住在她那里，每周1先令6便士的房租。

伦敦琐记

　　在房东家的顶楼上隐居着一个70岁的老太太，她终生未婚。房东给我讲了她的故事：她是一个天主教徒，年轻时就被送到外国去，住在修女院中目的是成为一位修女，但是因为国外水土不服，她身体欠佳，只得回到英国。由于英国没有修女院，因此她立誓要使自己过着严格的修女生活，而且她把她的全部财产都捐给了慈善事业，每年只留下12英镑作为必需的生活费用。更令人敬佩的是，她还从这笔生活费中拿出一大部分来救济他人，自己只喝稀粥。她住在那个顶楼上已经许多年了，在她下面的历任天主教徒房东都让她免费居住，因为他们认为有她住在那里是一种祝福。一位神父每天去向她忏悔。"我问过她，"我的房东说，"照她那样的生活，她怎么会这样需要一个忏悔者呢？""哦，"她说，"人不可能总是对的。"

有一次她允许我去探访她，她很快乐，有礼貌，谈话时也很愉快。她的房间很洁净，没有别的家具，只有一个垫子，一张桌子，上面放着一个十字架和一本书，一张她请我坐下的凳子和烟囱旁放着的一张圣维罗尼卡③展示她的手巾的图画。图中画着耶稣面孔流血的奇谲，她严肃地向我解释这幅图画。她面色苍白，但从不生病，我把她当作一个例子，说明多么微薄的收入就可以维持生命和健康。

在瓦茨的印刷所中，我结识了一个叫温盖特的聪明的年轻人。他的亲友家境殷实，因此他比大多数的印刷工人有教养。他的拉丁文还过得去，会说法语，酷爱读书。我教了他和他的一个朋友游泳，不久他们就成为游泳高手了。他把我介绍给一些从乡下来的乡绅们，我和他们从切尔西坐船去参观学院和堂·撒尔特罗先生的珍藏品。在我们回来的路上，温盖特一直夸我游泳技术好，引起了大家的好奇心。为了满足他们的好奇心，我脱了衣服一头扎入河中，从切尔西一直游到叫作布莱克法尔的地方，一路上玩着各式各样水上的或水中的花样姿

---

③　《圣维罗尼卡》（Saint Veronica）：维罗尼卡是耶路撒冷的一位信神的虔诚妇女，她怜悯身负沉重的十字架的耶稣，在跟随耶稣前往各各他（Golgotha，耶稣被钉死的受难地）的途中，把自己的面纱递给耶稣擦汗，耶稣接过面纱擦脸之后，面纱留下了耶稣的面容。

势，他们从未见过这种把戏。

我从小就一直喜欢游泳，游泳健将泰弗诺的一切动作和姿势，我都学习和模仿过，而且还进行了钻研，加入一些我自己的心得，使我的姿势更加优美舒展，而且划水更有效了。我的这些游泳看家本领，一路上我都一一表演给大家看了，他们的羡慕和赞赏使我感到很高兴。温盖特原想成为一个游泳高手，同时因为我们研究的学科相似，他渐渐地跟我越来越熟了。他最后提议我们一同到欧洲去旅行，在各地靠做印刷工作来维持我们的生活。他这么一说我都有点动心了，但是我跟好友德纳姆先生提到此事（当我有空时，我常去跟他聊上一个小时），他劝阻了我，劝我只考虑回到费城去。这时候，他自己也快回去了。

德纳姆以前曾在不列斯多经商，但是亏了本，欠了很多的债，无力还清，只偿还了一部分债款了事，后来他到美洲去了。在那里，他专心地经商，在几年之内翻了身，竟积蓄了一笔巨额财产。跟我同船回到了英国以后，他请了旧日的那些债主来吃饭，感谢他们过去对他欠款的宽容，这时候客人们只以为他想款待他们，但是当他们在桌前坐下时，发现每个人的盘子下面放着一张支票，除了全部未付清的余额外，还有利息。德纳姆的这个事情我至今记忆犹新，他这个人的良好品德给我留下了非常深刻的印象。

这时候德纳姆告诉我他快要回到费城去了，为了在费城开设一家商号，他要带回去大量物资。他邀请我跟他一起做事，在店里替他记账，他会教我记账，替他抄写信件和照管生意。他说等到我业务熟悉以后，他会给我提拔的机会，会派我带一船面粉和面包到西印度群岛去，并且使我从其他方面得到佣金，获利甚丰。假如我经营有道，我会发财致富。

这种美事我求之不得，我对伦敦已经感到厌倦了，愉快地回忆起昔日在宾夕法尼亚所度过的快乐时光，就想旧地重游，因此我就立即接受了德纳姆的这一职位，年薪虽然只有50镑宾夕法尼亚币，相比我当时排字工的工资的确是少了，但是相对来说更有前途。

这时我就离开了印刷业，当时我还以为是永远离开呢。我每日从事于新的工作，跟着德纳姆先生到商店里去买所需的各种物品，监督包装，外出办事，催促工匠工作等等。当需要购买的全部东西都送上船以后，他给我放了几天假。其中有一天，出乎我意料，一位显要人物威廉·温德姆爵士，邀请我去拜访他，我以前只知其名却从未见过。我去拜访他，不知他从哪里听说我曾经从切尔西游到布莱克法尔，曾经在几小时内教会了温盖特和另外一个年轻人游泳。他有两个儿子，即将到远方旅行去，他要他们首先学会游泳，因此他出重金邀请我教他儿子游泳。这时候他的两个儿子不在伦敦，我在伦敦能逗留多久也不能确定，因此我就婉拒了。但是从这件事我想到：假如我留在英国开办一个游泳培训班的话，我可能会赚一大笔钱。这一印象是如此地深刻，假如他的邀请早来几天的话，也许我不会那么早就回到美洲来。

多年以后，我曾经跟威廉·温德姆爵士两个儿子中的一个合作过更重大的事情。那时他已是伊格瑞蒙伯爵，这事我以后在适当的地方还要提到。

这样我在伦敦度过了约一年半的时光。大多数的时候我辛勤地干着印刷的本职工作，除了看戏买书以外，我自奉甚俭，我的朋友拉尔夫害得我经济拮据，他欠了我大约27镑，而且这笔钱我是毫无希望收回的。在我微薄的收入中，这是多么大的一笔款项呀。尽管如此，我还是爱他，因为他有许多讨人喜欢的地方，虽然我并不能因他而致富。在伦敦我结识了一些聪明的朋友，跟他们交谈使我得益不少。同时我也读了不少书。

我们在1726年7月23日从肯特郡的格雷夫森德启程，你要想知道航程中发生的事件，请参看我的日记，在那里我都详细地记载了。在那日记里所能找到的最重要的部分，或许就是那个指导我未来一生行动的计划，这是我在海上航行时规划的。当我规划出这个计划时，我还那么年轻，而一生中直到晚年我是非常忠实地坚守这个计划，因此它更加值得你留意了。

第七章

创业前夜

流浪失业

10月11日，我们在费城靠岸登陆。在我离开的一年半时间里，城里有了许多变化，基思不再是州长了，接替他的是柯登少校。有几次，我看见前州长基思像一个普通市民那样在街上溜达，看见我时，他好像有点不好意思，装着没看见，悄悄地转过身走了。

在接到我从英国写回的信后，瑞德小姐的亲戚都觉得我是一走了之，不会回来结婚的，他们就劝她跟另外一个人（一个叫罗杰斯的制陶工）结婚。这样就在我在伦敦期间，他们结了婚。如果不是这样的话，我看见她时，也会像基思那样感到惭愧和不好意思。但是婚后她总是不快乐，不久就跟他分手了，她拒绝跟他同居，也不改姓他的姓氏，因为这时有人说他另有妻室。罗杰斯是一个生性卑劣的人，虽然他的手艺非常不错，她亲友们就是贪图他这一点，但他欠了不少的债，在1727到1728年间跑到西印度群岛去了，以后就死在了那里。

凯默的印刷铺生意做大了，店面规模也扩大了，又开了一家大的文具店，添了许多新的铅字，而且还新招了不少干活的伙计。虽然这些伙计的技术不高，但他的生意好像还很兴隆。

德纳姆先生在水街租了一个店面，把我们从伦敦买的商品全部摆了出来，我精心地照料生意，学习记账，不久就学会了做买卖。我们吃住在一起，他像父亲一般地教导我，因为他真心诚意地重视我，我尊敬他、爱戴他，我原以为我们可以很开心地合作下去，但是在1727年2月，当我刚过了21岁的生日时，我们两人都得了病，这改变了我想象中的一切。我得了胸膜炎，几乎丧了命，这病给我带来了极大的痛苦，痛不欲生，我想我是死定了，而当我发现我自己逐渐恢复时，我倒反而有点失望了，因为我有点懊悔，今后迟早还得重新再忍受死亡的痛苦。德纳姆所得的病，我现在记不起叫什么了，他病了很长一段时间，最后还是去世了。在他的口头遗嘱里，留给我一笔少量的遗产，表达他对我的友情。德纳姆的去世，令我再一次流浪失业了，因为那铺子由他的遗嘱执行人接管了，这样我在他铺子里的工作就结束了。

又是失业

我的姐夫霍尔姆斯这时在费城，劝我重做老本行，重新找工作。凯默用高薪诱惑我，想请我去管理他的印刷铺，这样他就可以更好地照料他的文具店了。在伦敦时，我从凯默的妻子和他妻子的朋友那里听说他的名声很坏，所以我不愿意再和他有什么来往。我想设法找一个商店店员的职位，但是一时找不到，无奈之下，我只得答应了凯默。

在他的印刷铺里我结识了下面这些工人：休·梅雷迪思，一个威尔士籍的宾夕法尼亚人，30岁，惯做庄稼活，诚实、懂事，有相当敏锐的观察力，也喜欢念一点书，但喜欢喝酒；斯蒂芬·波茨，一个年轻的成年庄稼汉，农民出身，天资颖悟、生性幽默，喜欢开玩笑，但是有点吊儿郎当。凯默给他们开的工资都非常低，但许诺随着他们技术的提高，每隔3个月他们每周的工资将增加1先令。这种未来的高额工资是他吸引他们前来的一种手段。梅雷迪思做印刷工，波茨做装订工，按照合同，我负责教他们这两种技术。一个叫约翰的伙计是一个粗野的爱尔兰人，什么行业也没有学过，凯默从一个船主那里买了他四年的服役，他也要他成为一个印刷工。乔治·韦伯是一个牛津大学的学生，凯默也买了他四年的服役，打算叫他做一个排字工人，下面我还要讲到他。还有大卫·哈里是一个乡下孩子，凯默收他当学徒。

我不久看出，他之所以出了远远高过于他惯常所给的工资来雇用我，目的就是要通过我来培训这些毫无经验的、廉价的工人，等到我把他们教会以后（因为他们都跟他订有一定年限的契约），他就可以一脚把我踢开了。尽管如此，我还是开心地工作，把他的印刷铺管理得井井有条。印刷铺以前是十分混乱的，我教他们也很见成效，他们逐步地注意和改进了工作。

接着说那个牛津大学的人吧。一个牛津大学的学生成为一个卖身仆人，真是天下奇闻。他还不到18岁，他跟我聊了他的过去。他出生在英格兰西南部的港口城市格洛斯特，曾在当地的语法学校读过书。当他们在学校里演戏时，他的才能令他脱颖而出，在学生中小有名气。在学校里他参加了"幽默社"，也写过一些短篇散文和诗歌，而且曾经在格洛斯特的报纸上发表过一些。后来从那里他被送到了牛津。在大学里他继续读了一年书，但他不是很满意，他最希望的是到伦敦去观光和当演员。最后，当他领到3个月的补助金15个金币时，他没有去还债，而是走出了市镇，把他的大学礼服藏在金雀花丛中，步行到了伦敦。在伦敦，由于没有亲友指导他，他交友不慎，那些金币不久就花了个精光，而且还找不到进入戏剧圈的门路。他没有钱花了，于是把衣服给典当了，最后穷到连买面包的钱都没有。当他饿着肚子走在街上，而又不知道如何是好时，有人把一张人贩子的传单塞入他的手中，上面答应凡是愿意出卖自己到美洲去服役的人，马上可以得到饮食和奖励。他马上就跑了过去，在定期服务契约上签了字，跟着上了船渡海到美洲来。他给他的亲友连半封信都没写，像失踪了一样来到了美洲。他很活泼幽默，性格温厚，谈吐风趣，但是懒惰、轻率又极度不审慎。

那个爱尔兰人约翰不久就逃跑了。我跟其余的人相处得很愉快，因为他们发现凯默自己不会技术，不能教他们，而从我这里他们每天能学到技术，所以他们都更加尊敬我了。我们在礼拜六从不工作，因为那是凯默的安息日，这样我就有两天时间可以读书了，同时我在城里认识了很多有发明天才的人。凯默表面上很尊敬我，而且他本人也待我非常客气。这时我心中别无挂虑，只是我欠贝隆的债款成了我心头挥之不去的心病，因为到这个时候我还无力偿还，我省不下来钱，但贝隆很讲情义，至今没提起这笔债。

我们的印刷铺常常需要整套的铅字，而在美洲还没有浇铅字的人。在伦敦时我在詹姆斯的铺子里曾经见过别人浇铸铅字，可是没有十分留意它的方法。这时我发明了一种铸模，利用我们用作打印器的字母，把铅制成铸模，这样很好地满足了各种需要。必要时我也雕刻几块铜板，我制造油墨，我是仓库管理员和一切，简单地说，我差不多是一个打杂工。

但是不管我多么有用和不可替代，我发现当其他工人的业务逐渐改进时，我的作用一天比一天地显得不重要了。当凯默付了我第二季度的工资以后，他开始摊牌了，他告诉我他觉得我的工资太高了，认为我应当降低一些。渐渐地，他以前对待我的那般殷勤不见了，摆出一副老板的嘴脸，常常吹毛求疵，无事生非，随时都可能爆发的样子。

我仍然继续工作，任劳任怨，因为我想他找茬的部分原因是因为他的经济状况欠佳。终于有一天，一件琐事却成了我们关系突然破裂的导火索。那天，在印刷铺附近传来了巨大的嘈杂声，我把头伸出窗外，看看究竟是怎么回事。凯默这时候在街上，抬头看见了我，声色俱厉地向我叫喊，要我别管闲事，接着又加上了一些责备的话。这时所有往外面看热闹的邻居，都看到了他这般对我，正因为他当众责备我，不给我留丝毫的面子，这才更加激怒了我，于是我不理会他，把他当作空气。他噌噌噌跑到印刷所楼上来，继续跟我争吵，于是双方破口怒骂。结果是，他要就地解雇我，但是按照合同，他得提前三个月给我发解雇通知，他当时后悔不已。我告诉他，他不需要懊悔，因为我要立刻离开他。这样，我就拿了我的帽子，头也不回地走出了印刷铺。

谋求创业

在楼下我看见了梅雷迪思，我就要他看管我留下的一些东西，并把它们送到我的宿舍来。因此，梅雷迪思在晚间来了，这时候我们聊了好多我的事情。他非常尊敬我，他说我离开后，他也不愿在那儿干了。我和他聊起我下一步的打算，我说我想回到家乡去，但是他却劝阻我。他提醒我，凯默所欠的债务和他的资产持平了，估计撑不了多久了，他的债主们开始感到不安了，而他把他的铺子弄得乱七八糟，毫无生机。为了维持现金流，他往往做不赚钱的生意，而且常常赊卖货物，又不记账，因此他必然会使铺子倒闭，如果他一倒闭，我就有机会了。但是我说我没有资金，然后他说他的父亲很相信我，从他跟他父亲的一些谈话中，他相信假如我愿意跟他合伙的话，他父亲会投资帮我们自己创业的。他说："我跟凯默的合同将在明年春天期满，到了那时候我们将从伦敦买到我们自己的印刷机和铅字。我知道我的技术很差，假如你愿意的话，咱们合伙，你出技术，我出资金，利润咱俩平分。"

他的这个想法很鼓舞人，我非常赞同，他父亲这时候在城里，也同意了我们的计划，特别是因为他看到他的儿子很信任我。我已经劝他戒了一段时间的酒，他希冀当我们两人那样相互扶持，我或许能使他完全戒掉这个坏习惯。

我开了一张清单给他的父亲，他父亲交给一个商人去订货了。在机器运到之前我们要严守秘密，在这段时间里，假如可能的话，我将设法在其他印刷铺找些工作，但是我找不到空缺。这时，凯默因为希望抢到新泽西印刷纸币的生意，非常需要我，因为只有我能做纸币的雕版和各种铅字，同时因为他怕布拉德福德把我挖走，把他的生意给抢了，于是给我写了一封非常低姿态的信，说多年的老朋友不要因为几句气话就绝交，希望我还能回去。梅雷迪思也劝我回去，因为我俩在一起的话，我每天都会给他指导，他可以有更多的机会提高他的技术。这样，我就回去了，我们相处得比之前一段时间好多了，凯默得到了新泽西的生意，我替它设计了一部铜版印刷机，这在美洲人们还是第一次看到。我替纸币雕刻一些花纹和对号，又和凯默一同到伯灵顿跑了一趟，在那里我满意地完成了整个任务，他因此获得了一笔巨款，使他可以维持一个时期不致破产了。

在伯灵顿我结识了许多新泽西州的要人。为了照料纸币印刷工作和监视纸币的印数起见，州议会指派了一个委员会，我所结识的人中间有几个就是这个委员会的委员，因此，这些人轮流地一直跟我们在一起，来监督印刷的人一般总是带了一两个朋友来做伴。由于我业余读过很多书，我的文化修养比凯默高，可能正是因为这个原因，他们好像更喜欢跟我谈话。他们邀我到他们家里去做客，把我介绍给他们的朋友，对我非常客气。老实说，凯默是一个古怪的家伙，他不懂得公共生活，喜欢粗暴地驳斥一般人所公认的意见，衣冠不整甚至可以说是极度地邋遢，狂信宗教上的某些教义，并且有点无赖习气。

我们在那里继续工作了近3个月，这期间，我结识了法官爱伦、州议会秘书塞缪尔·布斯蒂尔、议员艾萨克·皮尔森、约瑟夫·库柏，几个史密斯家的人以及测量局长艾萨克·迪考。迪考是一个机灵精明的老先生，他告诉我当他年轻时，他刚开始是替砖匠运送黏土的，在成年后才学习写字，后来替测量员背测链，从他们那里他学会了测量术，到了这时候靠着他自己的勤劳，他已经置办了一份丰厚的家产，他说："我预言你不久将把你现在的老板从印刷业中挤出去，你将在费城以印刷业起家。"这时候他丝毫不知道我在费城或其他任何地方的创业意图。这些朋友日后对我大有裨益，有时我也偶尔帮助他们中间的一些人，他们却毕生地一贯重视敬慕我。

我的信念支撑

在讲述我的正式创业之前，最好让你知道当时我对道德伦理的看法，希望你从中可以看出，这些观念是怎样影响我人生中的重大事件的。你的爷爷在早年就对我灌输了宗教思想，在我的童年时代，我就有了虔诚的非国教徒的教养。由于从我所读到的各种书籍里，我发现对教条是有争议的，我自己对于教条中的某几点也先后产生了质疑，接着，当我还不到15岁时，我开始对《圣经》本身产生了怀疑。我偶然接触了一些反对自然神教的书籍，据说这些书是玻意耳向无信仰者辩护基督教意义的《玻意耳演讲集》中讲道文的大意。它们对我的影响恰巧跟它们的原意相反，因为为了驳斥自然神教，它们引证了自然神教信徒的议论，但是这些议论在我看来却比那些反驳它们的理论还坚强有力。

简单地说，不久我就成为一个彻头彻尾的自然神教信徒了。我的议论带引一些人走上了歧途，特别是高令斯和拉尔夫，但是这两个人后来都毫无良心地狠狠伤害了我。想到了基思州长对我的行为（他是另一个宗教上的自由思想者）和我自己对贝隆及瑞德小姐的行为，这种行为有时使我十分苦恼，我开始觉得这种教义虽然或许是真的，但是它不十分有益。我的伦敦小册子引用了德莱顿[①]的诗作为箴言：

> 存在即是合理，
>
> 虽然半瞎的人只看见链条的一端，
>
> 最近的一环，
>
> 他的两眼看不到上面那权衡一切的秤杆。

在那本小册子里我从上帝的属性，他的无限智慧、善良与权力得到结论说世界上的一切事物全都是对的，恶与善是一种虚空的区别，根本就没有善恶。现在看起来这篇文章并不像我过去曾经一度认为的那样的巧妙杰作。因此我猜想某些错误可能会不知不觉地混入我的论断，以致影响随之而来的全部理论，这原是在形而上学的推论中常见的。

在人与人的交往中，对人生的幸福最重要的莫过于真实、诚意和廉洁，这是我的信条。我写下了我的人生信条，并要在我的一生中不断地加以实践。耶稣的启示并没有打动我，但是我认为：虽然我们不能因为耶稣的启示禁止某些行为，就说这些行为是坏的，或是因为耶稣的启示劝导我们做，所以就认为是好的，但是当我们考虑了事物的

---

① 约翰·德莱顿（John Dryden，1631—1700），在英国被封为"桂冠诗人"，是英国古典主义时期重要的批评家和戏剧家，他通过戏剧批评和创作实践为英国古典主义戏剧的诞生、发展做出了杰出的贡献。在欧洲批评史上享有极高的地位。

各种情况以后，也许正因为它们对我们不利，所以我们要禁止这些行为，或是正因为这种行为的本身对我们有益，所以我们要去做。

这种信念，靠着上帝或是守护天使的祝福，或是偶然的有利情况或社会形势，抑或是三者合一保全了我，使我渡过了青年的危险期，使我在没有父亲在旁照顾和忠告的情况下，安全地度过了我时而在陌生人中间所陷入的险境，而竟然没有任何故意的粗鄙的不道德或不正义行为，由于我的缺乏宗教信仰，这种错误或许原是在意料中的。因此在开始进入社会时，我的品德还总算是过得去的。我正当地重视我这个品德，并且决心保持它。

第八章

创业功成

坚持勤劳为本

我们回到费城之后不久，新的铅字就从伦敦运到了。我们跟凯默讲好了，经他同意，我们离开了他，这时他还没有听说我们的创业计划。我们在市场附近租了个办公场所，为了减轻房租负担（这时候才24镑一年，虽然到现在我听说已经涨到了70镑了），我们便招了釉工汤姆斯·戈弗雷和他的家庭来同住，他们要负担一部分房租，同时我们把伙食包给他们。我们还来不及拆开铅字，整理好印刷机，第一笔生意就上门了。我的一个朋友乔治·豪斯带了他的一个老乡到我们这里来，豪斯在街上遇见他的时候，他正在寻找印刷铺。到这时候我们的现金都已经花在必须置办的东西上了，所剩无几，因此这个老乡的这笔生意赚的5先令，是我们的初次收益，而且是及时雨，它给我的快乐胜过我以后所赚的任何一个5先令的银币。由于我对豪斯的感激，我常常乐于帮助那些年轻的刚创业的人，否则我或许不会这样热心。

在每个国家里，都有经常预测国家即将毁灭的悲观主义者。在费城当时就有这么一个人，他是一个知名之士，一个上了年纪的人，看上去像是一个聪明人，讲话态度十分严肃，他的名字是塞缪尔·米克尔。这位先生我并不认识，有一天他跑到我的门口，问我是否就是那个最近新开张一家印刷铺的年轻人。我回答他是的，他说他很为我惋惜，因为开一家印刷铺很费钱，但是这笔费用要折旧消耗掉的。费城是一个没落的城市，城里的市民已经在半破产状态中了。尽管表面上相反，新建大厦和房租上涨，他却确切地认为是虚假的繁荣。因为事实上，这些正是不久就要造成我们毁灭的因素的一部分。接着他这样详细地描述了当时已发生的或是即将发生的灾祸。当他离开时，我有点受他的影响，情绪开始低落了。假如我在创业前认识了他，可能我就没有机会创业了。这个人继续住在一所破烂的房子里，用同样的论调诡辩着，许多年来他不肯在那里买一所房子，因为一切即将毁灭了。但是到了后来，我高兴地看到他出了比他初唱悲观论调时就可能买到的高出5倍的价格买了一所房子。

前面我提到，在前一年的秋天，我把我大多数的有才能的朋友召集起来，组成了一个相互切磋的社团，我们称它为"讲读社"[1]。每周五晚上我们社团开会。我起草的社团章程规定：每个社员须依次提出一两篇研讨品德、政治或自然哲学中任何问题的论文，并在会中讨论；每隔3个月，要提出和诵读本人习作一篇，题目任选。我们的辩论由会长主持，而且应当本着诚恳的探求真理的精神，而不是以爱好争辩或

---

[1]　讲读社（JUNTO）：在富兰克林的领导下，"讲读社"几乎存在了40年之久，后来发展为美国哲学会，成为美国科学思想的中心。

是求胜的态度来进行。为了防止过激的情绪，一切肯定意见的表达和直接的抗辩，我们认为是非法的，违者要处以小额罚金。

"讲读社"的首批会员是：约瑟夫·布瑞托，一个公证事务所的契约誊写员，一个温厚、友好的中年人，爱好诗歌，遇诗即读，也能写一些过得去的诗，善于做一些小玩意儿，谈话很通情达理。汤姆斯·戈弗雷，一个自学成才的数学家，对数学有着深入的研究，后来成为现今所谓"哈德栗象限"（Hadley's Quadrant）的发明者，但在他本行以外，他一无所知，也不是一个讨人喜欢的伴侣。像我所遇到的大多数伟大数学家一样，他要求每一句话绝对正确，特爱较真，而且还特别喜欢钻牛角尖，他不久就离开了我们社团。尼古拉斯·斯卡尔，一个测量员，后来做了测量局局长，爱读书，有时也写几行诗。威廉·帕森斯，学制鞋，爱读书，学了不少的数学，他本来是为了占星学才学习数学的，以后谈到这件事他就笑了，他也做了测量局局长。威廉·莫格里奇，一个木匠，一个非常优秀的工匠，同时也是一个稳健明达的人。休·梅雷迪思、斯蒂芬·波茨、乔治·韦伯，我在前面已经讲过了。罗伯特·格蕾斯，一个有些财产的年轻绅士，慷慨、活泼、幽默、爱讲双关话，爱朋友。还有威廉·科尔曼，那时是一个商店的店员，大约与我同岁，他几乎是我所知道的人中间头脑最冷静清楚、心肠最热、品行最端正的人了。他后来成为一个有声望的商人，也是我们州里的法官之一。我们的友谊毕生从未间断，先后有40多年的时间。这个社团差不多也持续了很多年，是当时在宾夕法尼亚的最优秀的哲学和政治学学派。由于我们在讨论前的一个星期先把论文在会上宣读一遍，这就使得我们在阅读时，能够细心注意到不同的题目，在讨论时能讲得中肯。在这社团里，我们也培养谈话时的良好习惯。在我们的会章中我们拟订了一切可以防止相互冲突的办法，也正是如此，我们的社团才能够长期存在。关于这个社团，后面我将有机会常常提到它。

我在这里讲关于这个社团的事，目的是要指出我当时社团中的一些伙伴，他们每个人都尽力帮助刚起步的我，为我们介绍生意。特别是布瑞托，他替我们招揽了替贵格会印刷其会史中40印张的生意，其余部分则由凯默承印，在这宗生意上我们工作得非常辛苦，因为定价很低。这是用12磅活字印的"为祖国"式的对开本，上面还有很长的用小号铅字印的注释。我每天排一大张，梅雷迪思就在印刷机上把它印出来，等到我为第二天的工作做好拆版工作时，往往已经是夜间11点钟了，有时还会更晚，因为有时候其他朋友介绍来的零活耽误了我们的工作。但是我坚决要保持每天排好一大张的速度，甚至有一夜，当我装好了版，满以为一天的工作业已结束时，其中有一版一不小心给碰坏了，有两页的铅字就乱成一堆，我马上拆了版，重新排印，然后才上床睡觉。

我的这种勤劳是我们的邻居们有目共睹的，我们的名声就因此而大增。特别是有人告诉我："当人们在商人的夜间俱乐部里，提到这家新开设的印刷铺时，大家普遍认为它必然要倒掉，因为在城里已经有了凯默和布拉德福德这两个巨头了，但是贝尔德博士（许多年以后我和你曾经在他的故乡——苏格兰的圣安德鲁斯见到过他）提出了反面的意见，他说：'富兰克林的勤劳是我从来没有见过的。当我从俱乐部回家时，我看见他还在工作，第二天在他的邻居们还没有起床时他又在工作了。'"这番话给大家留下了一个很深的印象，此后不久其中的一个就提议供给我们文具，要我们代销，但我们当时还不想经营文具店。

我特别强调和格外直率地提到勤劳这一点，虽然好像我是在自吹自擂，但是我的目的不外是：当我的后代读到这里，当他们在这个故事里看见勤劳是怎样地对我有利时，他们可以晓得这一品德的可贵了。

艰难创报

乔治·韦伯交了一个女朋友，女友借给他钱，从凯默那里赎回了自由，这时他愿意到我们铺子里来工作。那时我们没法雇用他，但是我愚蠢地告诉了他一个秘密，我不久打算开办一个报纸，到那时我或许可以雇用他。我告诉他我把成功的希望寄托在这样一个事实上：当时唯一的一家报纸是布拉德福德办的，内容毫无价值，而且枯燥无味，经营得也不是很好，但是还能赚钱，因此我想创办一家优秀的报纸，一定会赚大钱。我请韦伯不要告诉别人，但是他竟告诉了凯默。

凯默为了抢在我前面，立即宣布他自己印报的计划，并雇用韦伯办报，我对此很愤慨。因为当时我还不能立刻办报，为了破坏他的计划，我替布拉德福德的报纸写了几篇有趣的作品，总题目是《爱管闲事的人》。这样广大人民的注意力就被吸引到这家报纸来了，凯默的计划经过我们的冷嘲热讽，遭到了人们的漠视，但是他仍然办了报，办了9个月，最多时有90个订户，以后他就以很低的价格把报纸出让给我了。我早就准备好接办这家报纸，就马上把它接收过来，在几年之内，这家报纸变成了我十分赚钱的事业了。

我知道我喜欢用第一人称单数讲话，虽然这时我们还是合伙经营的，这也许是因为事实上全部事业的经营都归我负责，梅雷迪思根本不能排字，印刷也不行，而且难得有几天不喝醉酒。我的朋友们常因为我跟他合伙而表示惋惜，但是我将善处逆境尽量利用而已。

我们的报纸一出来，它给人的印象就跟宾夕法尼亚以前的报纸迥然不同：不但字体清晰，而且印刷精美。当时伯内特州长和马萨诸塞州州议会之间正发生着争执，我在评论这件事时所作的一些激烈的言论引起了领导人物的注意，使得这报纸和它的发行人常常成为谈资，不到几个星期他们都成了我们的订户。许多人就照了他们的榜样做，这样我们的读者就不断地增加，这是我会写点小文章的最初显现的良好效果之一。另外一个效果是：当那些要人看到了一个能够动笔的人现在控制了一家报纸时，他们就认为应当鼓励我，并争相订阅我的报纸。布拉德福德这时还在承印选举票、法律和其他公家的生意。他把州议会向州长的请愿书印得很粗糙而且错误百出，我们把它重印了，印得又精美又准确，我们给议员们人手寄了一份，他们对着一看，高下立判。这事我们干得很漂亮，而且还增加了议会中支持我们的议员的话语权，这样他们就同意把下年度的印刷工作交由我们来承印。

我们在州议会的朋友中，我不能忘了前面提到过的汉密尔顿先生，这时他已经从英国回来了，并且是州议会的议员。他在这件事上大力地支援我。像以后在其他事情上一样，他毕生对我爱护备至。大约在此时，贝隆提醒我欠他的债款，但是他并不催迫我。我写了一封信给他，坦白地承认我的过失，恳请他再展缓一些时候，他也答应了，一等到我有了能力，我就连本带息地把它付清了，并且表达了我的谢意。这样，这个过失在某种程度上总算改正了。

但是这个时候，一个完全出乎我意料的困难来了。梅雷迪思的爸爸，在给我们买印刷铺设备时，费用是200镑，但他只付了100镑还欠对方100镑，这个商人等不及了，就向法院起诉了我们。我们缴了保释金，但是如果我们不能及时地还款的话，法庭不久就得宣判和执行，那么我们美好的希望将与我们一起遭到毁灭，因为他们会变卖印刷机和铅字用来抵债，而且可能还是半价出售。

在这不幸的紧急关头，我的两个真正的朋友威廉·科尔曼和罗伯特·格蕾斯出手了，他们的友情我是永世不忘的。他们两位不约而同地并且自愿地为我垫付一切必需的款项，使我能够渡过难关。危机总算是过去了，但是他们不喜欢我和梅雷迪思继续合伙，他们说有人常看见梅雷迪思在街头买醉，也有人看见他在酒馆里玩下流的赌博，这些对我都是奇耻大辱。我告诉他们，只要梅雷迪思父子还有希望能够履行他们在协定中的义务，我就不忍提出散伙，因为我觉得他们过去帮了我不少忙，如果他们有能力的话，他们现在还将帮助我，我受过他们不少的恩惠，但是假如他们不能履行他们的义务，到了非散伙不可时，我才认为我可以随意接受我友人们的协助了。

事情就这样拖了一段时间，我对梅雷迪思说："可能你老爸不喜欢你参与我的事业，因此他不愿替我们两人垫付款项，但是他可能却愿意替你一人出钱。假如是这样的话，请你告诉我，我将退出合伙，离开此地。""不，"他说，"我爸爸倒是真正感到失望的，他是真的无力垫付款项，同时我也不愿意更使他痛心。我现在知道我不能胜任这个印刷工作，我从小就学农，30岁进城来充当学徒去学习一种新的行业，实在是一件荒唐事。我们有很多威尔士人将到北卡罗来纳州去殖民，因为那里土地很便宜，我想跟他们一块儿去干我的老本行。你可以找朋友来帮助你，假如你愿意承担印刷所的债务，归还我老爸所垫付的100镑，替我还清我个人的一些零星欠款，再给我30镑和一个新的马鞍，我将让出我的股权，全部产权归你所有。"我同意了。我们马上就写了一张证书，签了字盖了章。我给了他所要求的东西，不久他就到北卡罗来纳州去了。第二年他从那里寄了两封长信给我，信里包含了关于那一地区到那时为止最好的一篇叙述，讲到它的气候、土壤、农业等，因为关于这些事情他原是十分内行的。我把它们在报纸上发表了，深受读者欢迎。

他一走，我就去求助我的两位朋友。因为我不愿意对任何一位有所偏爱，我就向每一位借了所需总额的一半，偿还了印刷铺的债务，就开始以自己的名义经营事业。我想这应该是在1729年或是那年前后。

大约在这时候，在人民中间有一种要求发行更多纸币的呼声，当时宾夕法尼亚的纸币流通额只有15000镑，就是这一数目不久也将要削减。富裕阶层反对增加纸币，他们反对一切纸币，是因为他们害怕纸币会使货币贬值，像在新英格兰发生的那样，致使债权人处于不利地位。

我们在"讲读社"中曾经讨论过这个问题。当时我赞成增发纸币，因为我相信1723年印刷的纸币做了不少好事，它促进了商业和就业，而且增加了本州的居民。人口的增多是显而易见的，因为我现在看到所有的老房子都住满了人，而且还有许多新房子正在建设。我还记得很清楚，当我首次踏上费城，一边啃着面包卷一边在费城街上溜达时，我看见在胡桃街从第二街到前街这一段街道上的大多数房屋都在门上贴着招租信息，在板栗街和其他街道上的许多房屋也是如此，比较荒凉，当时我还以为费城的居民正在不断地离开这一城市呢。

我们的辩论使我对纸币这一问题产生了极大的兴趣，甚至我撰写和发表了一本不署名的小册子，名为《纸币的性质和必要性》。普通老百姓很喜欢它，但是有钱人不喜欢它，因为它助长和加强了增加货币的呼声。碰巧在富人这边他们没有作家能够回应这一小册子，因此他们的反抗力度减弱了。这样，增发纸币这一议案就在州议会中以大多数通过了。我在州议会中的朋友们想到我对这一议案的通过有些贡献，认为应当由我来承印纸币作为酬答。这是一单利润很丰厚的生意，对我的事业帮助很大。这算是我会写文章的又一个好处吧。

经过时间和经验的考验，纸币的效用变得十分明显，以后就没有引起太多的争辩。结果，不久纸币发行额就达到了5000镑，1739年到了8万镑，以后在战争期间超过了35万镑，因为商业、建筑和居民的人数都在不断地增多。但在现在我认为纸币发行额有一限度，过了这一限度就可能有危害了。

不久之后，在好朋友汉密尔顿的大力帮助下，我获得承印纽卡斯尔纸币的生意。按照我当时的看法，这又是一单赚钱的生意，因为对于当时刚起步的我来说，小生意就显得很重大了。这些生意对我实在是大有裨益的，因为它们颇为有利可图。汉密尔顿也替我招揽了承印纽卡斯尔政府法律文书和选举票的生意，这笔生意到我离开印刷业之前一直处于我手中。

现在我开了小小的一家文具店，而且还卖各式各样的空白单据，在这方面靠着我的朋友布瑞托的帮助，我们卖的单据是在殖民地里格式最正确的。我店里还卖纸张、羊皮纸、小贩的账簿等小文具。没多久，我在伦敦认识的一个叫华德麦西的排字工人，技术很熟练，他到我这里来跟我一起辛勤地工作，我也收了一个学徒，是阿奎拉·罗斯的儿子。

现在我开始逐步地还清我为了创办印刷所而借的债款。为了获得商人的名誉和声望，我非常谨慎，不但在工作生活中克勤克俭，而且还避免一切不好的印象。我衣着朴素，从不在奢华的娱乐场所出现，也从不像个富家公子似的出去钓鱼或打猎，的确有些时候，我因为读书着迷而旷工了，但那只是很偶然的，而且是不张扬的，避免了大家说闲话，并且为了表示我对自己所作工作的认可和自豪，我有时把我在纸店里买好的纸张，装在独轮车上自己推着经过街道运回家来。这样，在众人眼里，我是一个勤劳上进的青年，严守信用，从不拖欠，所以进口文具用品的商人们请求和我合作，别的商人们也提议我替他们代销书籍。

立业成家

我的事业可谓一帆风顺，日子一天比一天好过，而凯默生意每况愈下，信誉一日不如一日，最后他实在干不下去了，不得不变卖他的印刷铺设备以清偿债务。他后来去了拉丁美洲的巴巴多斯群岛，在那里他住了几年，生活十分穷困。

凯默的徒弟大卫·哈里，我曾经还教过他，这时候，在购买了他师傅的设备后，顶替了凯默的位置，将印刷铺重新开张了。哈里的亲友们很有能力，在当地也很有势力，起初我觉得哈里是一个强有力的竞争者，因此，我提议跟他合伙经营，但他轻蔑地拒绝了我，后来才发现那是我的幸事。他十分骄傲自大，穿着上流人士的华丽服装，生活奢侈腐化，经常在外面消遣作乐，最后欠了很多的债，业务也被他荒废殆尽。结果可想而知，他破产了。既然没有生意可做，这时候他就跑到巴巴多斯群岛去了。不过他比他师傅强一点的是，他把印刷铺也搬了过去，在那里，他雇用了凯默当伙计，但他俩经常吵架。后来，哈里负债越来越多，最后他不得不把他的铅字也卖了，回到宾夕法尼亚务农去了。后来购买印刷铺设备的人，还是雇用了凯默来操作这些设备，但是几年以后凯默就去世了。

除了多年实力强劲的老对手布拉德福德之外，现在费城再也没有人跟我竞争了。布拉德福德资金充足，生活富裕，虽然偶尔雇用些零工做点少量的印刷工作，但他并不因为生意清淡而担忧。他财路很广，由于他管理驿站，人们以为他有比别人优先获得新闻的机会，大家以为他的报纸的广告效力比我的大，因此他的广告比我的多得多，这对他有利而对我不利。虽然我也从驿站里收到和寄发报纸，但是外界并不知道，这是因为我通过贿赂了驿站的骑师才把报纸寄往各地的，骑师们只能暗中收受寄件。后来布拉德福德知道了我的情况，毫不讲情理地禁止骑师寄递我的报纸，这种行为我很鄙视，而且使我有点生气，也使我因此而瞧不起他，所以后来当我达到他的地位管理驿站时，我决心绝不效仿他的行为。

到这时候为止戈弗雷一直在我家吃住，他跟他的老婆孩子们占用我房屋的一部分，他在我铺子的一边开了一家玻璃铺。他热衷于研究数学，铺子里的事情他不大做。戈弗雷的太太打算替我跟她一个亲戚的女儿做媒，常常找机会让我们见面。这个女孩很可爱，还真是日久生情，后来我真对她有了感情。这些老先生老太太总是鼓励我，不断地邀请我去吃饭，让我们两人在一起，到了后来就该是谈婚论嫁的时候了。戈弗雷太太替我们传话。我告诉她我希望能从他们的女儿那里，获得并付清我印刷铺借款的余额，当时这笔钱我想不超过100镑，但他们的答复是他们没有这样一笔余钱可以给我，我说他们可以到银行里去抵押他们的房子，过了几天他们对这件事的答复是他们不赞成我们的婚事了，我的这段感情就因此而结束了。

他们曾向布拉德福德打听，布拉德福德告诉他们印刷业并不是一种赚钱的行业，铅字损坏得很快，需要不断购买新的铅字，凯默和哈里相继地都失败了，用不了多久，我就会步他们的后尘。布拉德福德的话他们信以为真，因此不许我再到他们家里去。同时，把他们的女儿也关了起来，我们就没有再见面了。

不知是他们真的改变了主意，还是只是一种诡计，以为我们的感情已经根深蒂固不能自拔，而且可能会私奔，这样他们就可以随意地给或是不给什么嫁妆，这我就不知道了。但是我猜想他们的动机是后者，我很生气，于是就不再去找她了。戈弗雷太太后来告诉我他们的态度有了好转，还想让我去找她，但是我告诉她我决心不与那家人再有来往了。这搞得很尴尬，戈弗雷全家都因此而生气，我们之间也有了矛盾，不久他们就搬走了，这样整所房屋都由我住，我决定不再招收租客了。

但是这件事却使我想结婚了，甚至有点着急了，因此我向周围观望，向其他地方去寻觅介绍对象，但是不久我发现，因为一般人认为印刷业不是一种赚钱的行业，我不能希望从妻子处得到钱财，除非从那些不合我心意的女人那里。同时，我毕竟很年轻，身体里的荷尔蒙旺盛甚至是泛滥，常常驱使我与那些偶然相遇的下流女人发生关系，这种事不但花钱而且非常麻烦，担心自己会染上性病，好在我很幸运，没有染上。

在这期间，作为邻居和老朋友，我和瑞德太太全家继续维持着一种友好的通讯关系，从我寄住在她们家里的第一天起，她们都很尊敬我。她们常常请我去家里玩，聊一些她们的事情，有时候我也能在这些事上给她们一些帮助。我对可怜的瑞德小姐的不幸遭遇表示同情，她总是郁郁寡欢，很少有开心的时候，而且喜欢上呆在屋子里，不愿意跟人打交道。我也进行反省，我在伦敦期间的轻浮与变心，是造成她今日之痛苦的很大原因。虽然她妈妈很善良，认为她自己的责任比我的大，因为她曾经阻止我们在我去英国前结婚，而且在我出国期间又劝她嫁给别人。

还好，我们之间的感情很快又恢复了，但是现在要结婚却有许多困难。她第一次婚姻是无效的，因为据说她前夫的妻子还生活在英国，但是由于距离的原因，这一点不容易证明。再者，虽然传说她前夫已经死了，这也不能确定。即使他真的死了，他留下了很多的债务，他的继承人也许得负责偿付，我们可能冒着这些危险。1730年9月1日，我们结婚了，我们担心的那些麻烦事一件也没有发生。她是一个善良、忠实的伴侣，大力地帮助我照料铺子。我们的事业很快就兴旺起来了，我们一直总是努力相互安慰体贴，这样，我总算可以尽可能地改正年少时的那一大过错。

开办图书馆

大概在这时候，我们"讲读社"不再聚在酒馆里，而是转到格蕾斯家里的一间小房间里了。那间房间是我们专用的，因此我提议：既然我们在讨论论文时，常常需要找一些书籍来，从中查证，如果把我们的书籍都放这屋子里，需要的时候我们可以翻阅参考，那岂不是方便多了。这样，我们把书籍集中在一个共同的藏书室中，只要我们愿意把它们放在一起，我们每个人就有机会，可以利用其他所有会员的书籍了。这样几乎像各个人拥有全部书籍一样有益。大家喜欢这个提议，一致同意了。这样我们就把我们一时不用的书籍，都拿了过来，放在房间的一角，书籍的册数并没有像我们预料的那样多。虽然放在一起有很大的便利，但因为没有专人保管这些书籍，也产生了一些麻烦和不便，所以大约在一年以后，大家又把这些书籍各自拿回家了。

虽然我最初的想法实现的效果不是很好，但这时我开始提出了我第一个公共性质的计划：建立一个会员图书馆。我拟定了提案，请我们的大律师布罗克登把它写成适当的格式，靠着我在"讲读社"中的朋友们，我们拉到了第一批客户，那是50个会员，每个会员在开始时交40先令的费用，以后在50年中每年出10先令，50年就是我们公司存在的期限。

后来当会员过百时，我们才拿到营业执照，这就是现在北美会员图书馆的鼻祖，现在它们是遍地开花了。会员图书馆本身已经成为一种伟大的事业，它的数量还在不断地增多。图书馆改善了美洲人的日常谈话，使得普通的老百姓也变得像其他国家大多数绅士那样聪明和见多识广了，并且或许在某种程度上，帮助了在殖民地各地普遍展开的保卫他们自身权利的斗争。

第二部分

续传 I

【译者注】"续传I"部分是富兰克林先生于1784年在巴黎近郊的帕西写作而成，前后写作一周左右。这部分的写作比"正传"部分整整晚了14年。"续传I"的写作动机源于朋友的建议。阿贝尔·詹姆斯和本杰明·沃恩等几位朋友看了他前面"正传"部分的手稿后，大为赞赏，他们在给作者的信中说："它几乎不知不觉地带引青年决心努力成为一个像作者一样善良和优秀的人。假如您的传记发表出去（我想它一定会发表），带引青年模仿您早年的勤恳和节制，那么这样一部作品对青年们将是多么有益呀！"富兰克林先生接受了朋友们的建议，觉得是到了续写第二部分的时候，他非常明确，续写的这部分是"为公众写的"，因此，写作的重点不像"正传"部分那样只与儿子谈家庭和个人的历史，而是与广大青年朋友谈心，要以自己一生的经验教训给后人以启示。

第一章

写续传的缘起

以下为阿贝尔·詹姆斯[①]的来信。

我敬爱的朋友：

我常常想给您写信，但是一直没写，我生怕我的信件会落入英国人的手中，我还怕假如印刷商人或好事之徒把信件的部分内容公布开来，会使您感到痛苦，而且使我自己受到他人的非难。

不久前，我非常高兴地获得了您写给您儿子的23张手稿，写的是您的出身以及生平，写到了1730年。上面还附有摘录，也是您的手稿。我把摘录誊写了一份，和这信一起寄给您。如果您继续写下去的话，这手稿我希望能够帮助您把上下两部分衔接起来。如果您现在还没有动笔的话，我希望您

---

① 阿贝尔·詹姆斯（Abel James）——费城富商。

不要再耽搁了。

　　传教士常跟我们讲，人生无常。万一和蔼、仁慈而且乐善好施的本杰明·富兰克林与世长辞，人间便将失去一部隽永有味、大有裨益的传世佳作，一部不但对少数人，更是对芸芸众生既有用又有趣的伟大作品，那世人将作何评说呢？

　　这类自传作品对青年人思想上的影响是巨大的，在我看来，在我们公众领袖的日记中，您的这种感染力尤其明显。它潜移默化，引领着一代又一代的青年人决心努力成为一个像您一样善良和优秀的人。比方说，假如您的传记发表（我想它一定会发表），您早年的勤恳和节制，一定会引领着青年人以之为榜样，那么这样的一部作品对青年们将是多么有益呀！在您这一代人中，我找不到一个人或是许多人联合起来，能够像您这样地在美国青年中促进勤勉的精神和人生早期对尽职、俭朴和节制的注意。我并不是说这本自传没有其他的优点和其他在人生中的用处，事实决不是如此，但这第一个用处是那么地重要，我想不出还有什么可与它相提并论的了。

　　　　　　　　您的朋友，阿贝尔·詹姆斯（Abel James）

我把阿贝尔·詹姆斯上面的这封信和它的附件寄给我的朋友本杰

明·沃恩②看了以后，他给我回了下面这封信。

我最亲爱的先生：

当我读完了您的贵格会友人替您找到的，记载着您一生中主要事迹的笔记后，我曾经告诉过您，我将给您写一封信，说明我的理由，为什么我认为假如您能依照他的要求，把自传续写完并且发表出来，那将是一件有益的事。

前一段时间，我杂事缠身，抽不出时间给您写信，同时我也不知道，究竟这信是否值得对它寄予任何期望。目前我正好有空，我将把它写出来，至少可以使我自己感兴趣并且获得教益。由于我想用的措辞，或许会触犯像您这样的人，因此我将只告诉您，假如我对另外一个像您一样善良和伟大，但不像您那样谦逊的人写信，我会说什么呢？我会对他说：先生，我恳请您发表自传的理由如下：您的一生是如此地出类拔萃，假如您自己不写，别人一定会替您写，与其由别人来乱写，可能给您造成许多危害，还不如由您自己来操刀，并且您的自传能够介绍贵国内部的情况，它一定会吸引善良勇敢的人们移民过来。就这些移民对于这种报道的迫切需要而言，就您的声望来讲，我想不出比您的自传更有效的广告了。您的毕生经历，也是与一个蒸蒸日上的民族的一切风土人情

---

② 本杰明·沃恩（Benjamin Vaughan，1751—1835）：英国驻法外交官，同情美国革命，与富兰克林建立了深厚友谊；1779年，他编辑出版了第一部《富兰克林选集》。

和现实情况分不开的。从这个角度看来，我认为您自传的重要性，对于一个真正研究风土人情和人类社会的学者来说，不亚于凯撒大帝和古罗马最伟大的历史学家塔西佗的著作。

在我看来，这些理由是微不足道的，若是跟您的自传对未来伟大人物的形成，与您打算发表的《品德的艺术》一起对个人品德的提升和对公共、家庭幸福的促进可能发生的影响相比的话。上述两部作品，先生，特别会成为自学的崇高法则和典范。学校教育和其他教育制度常常按照不正确的原则进行教学，教的是一套指向着错误目标的笨拙方法，但是您的方法既简单，目标又正确。正当家长们和年轻人因找不到其他恰当的方法而感到彷徨失措，不知道对未来一生中合理的道路方向当如何进行估计和准备时，您的重要发现是许多人的力量所不及的。这一发现是多么珍贵呀！对一个人人生后期的个人品德进行影响，不但是来之过晚，而且效果不佳。

青年时期，形成人生主要的习惯和好恶，青年时期，选择自己的工作、职业和配偶，可见，青年时期是一个人人生的关键时期。在青年时期甚至形成了对下一代的教育。在青年时期决定了一个人的私德和公德。由于人的一生只限于从青年到晚年这段时期，我们就应该好好地从青年时期开始，特别是在我们决定我们的主要目标之前。您的自传不仅仅能教人自学，还能教人如何成为一个智者。即使最明智的人，在看到了另一个智者一举一动的详细描述以后，也能获得智慧，充实和提高自己。我们看到人类从远古以来，一直在暗中摸索，在这方面几乎连一个指路人也没有，那么为什么智力较弱的人，就应当被剥夺这种帮助呢？因此，先生应把当做的事指示给父亲们和儿子们看，帮助一切智者成为像您自己一样的人，也帮助其他人成为明智之士。当我们看到政治家和军人能够对人类变得如何地残酷，著名人士又是如何逆情背理地对待自己的朋友时，看到温和顺服的风气增长，看到伟大和善于治家、令人羡妒的品德及和蔼可亲的作风能够共存于一身，是对人有益的。

你必然也要讲述那些琐碎的生活小事，它们也将大有用处，因为我们最需要的是有关日常生活中的为人处世、待人接物的准则，因此倒想看看您是怎样处理这些日常事务的。这自传在这些事上将成为一种生活的指南，为许多人诠释早就应当有人向他们解释过的问题，使他们能有机会成为远虑明智的人。与亲身经历最相近的是阅读用风趣隽永的风格写就的别人的经历。您的笔调必然会引人入胜。您的事务和您对这些事务的处理会使人有一种简单平易之感，或者会令人深刻地认识这种处世之道的重要性。我深信您在叙述这些事情时，您是独出心裁，宛如您在主持政治或哲学的讨论一样（假如我们考虑到生命的重要性和生命中的过失），还有什么东西比人生更值得加以试验和提炼的呢？

有些人是盲目地善良，有的是异想天开地胡思乱猜，另外还有些人是别有用心地邪恶不纯，但我深信先生您所写的一定是集明智、实用和善良于一体的。您的自传（因为我想我正在描述的这个与富兰克林博士相类似的人，不但在品德方面与您相似，而且在个人经历方面也是一样的）将要表明您不以出身为耻。这一点尤其显得重要，因为您证明了高贵的出身对于快乐、美德或是伟大是多么的不必要。要达到一个目的也不能没有具体的方法，因此我们将看到，先生，连您自己也制订了一个使您成为要人的方案。同时我们可以看到，虽然结局是美好的，实现这个计划的手段却是人类智慧所能设想的最简单的手段，那就是：依靠本性、品德、思考和习惯。

在自传中证明的另一点是：每个人应当等待适当时机登上世界舞台。由于我们的感觉集中在当前，我们往往容易忘记以后还有时日，因此人应当安排他的行动以适应整个一生。您的成功看来当归功于您的一生，您使得您生命中转瞬即逝的片刻充满着知足和快乐因而显得生动活泼，而不是使它因愚蠢的急躁或懊恨而受到折磨，对于那些仿效真正伟大人物而增进自己修养的人，这种做人方法原是容易的，因为忍耐往往就是这些伟人们的特色。

先生（因为这里我又假定我信中的主人翁与富兰克林博士相似），您的贵格会的通讯者赞扬您的朴实、勤劳和节制，认为您是青年的榜样，但奇怪的是他竟忘了您的谦逊和大公无私。假如没有这些，您就绝对不可能耐心地等候您发迹的机会，也不可能在其间安贫乐道、处之泰然。这是一个强有力的教训，说明荣誉的虚空和控制我们思想的重要性。

假如这位通讯者能够像我这样地了解您的声誉的性质，他就会说：您以前所写的论文和您提出的议案会使人注意您的自传和《品德的艺术》。反过来，您的自传和《品德的艺术》会使人注意到您的论文和议案。这就是一个具有多样化的人的优点，这种身份更能充分地利用它所包含的一切。这样您的自传将更加有用，因为不懂得如何改进自己的思想和品德的人，或许比没有时间或志趣去从事这种工作的人多得多。最后还有一个感想，先生，说明作为一篇传记您的自传有什么用途。自传这一式样现在好像有点不时髦了，但它是非常有用处的。您的范本也许特别有用，因为它可以用来与许多社会上知名的暴徒和阴谋家的传记比较，也可以用来与那些逆情悖理的苦行僧或是自视清高的无聊文人的传记相比。假如您的自传能够鼓励别人写出更多的这类作品，并且诱导人们使他们的为人处世能见得天日写入传记，那么它的价值将不亚于"传记之王"普鲁塔克的全部传记合辑。但是我已经厌倦于想象这样的一个人，因为他的每一特点只能适合于世界上的某一个人，这种特点也不能使我们对他歌颂。

我将在收笔之前，向我亲爱的富兰克林博士提一个私人的恳求：我恳切地希望您能让世人了解您真实的个性特点，否则政治上的争论或许会掩盖或是诋毁您真实的个性。考虑到您的高龄，您生性谨慎小心以及您考虑问题的特殊风格，除了您自己以外，大概不大可能有人能够对您的一生或是对您的思想动机有充分的了解。除此以外，目前的巨大革命将必然使我们的注意力转向革命的首创者。因为革命既然号称是为了某些品德的原则，那么指出这些原则如何真正地影响了革命，就变得十分重要了。因为您自己的品德将是受到彻查的主要对象，您的品行就应当是（即使是为了对您那庞大的蒸蒸日上的国家和对英国及欧洲的影响）规矩端正、流芳百世。为了增进人类的福祉，我一向以为我们不仅必须证明人类在目前是一种品行恶劣、惹人厌恶的动物，而且更必须证明正确地处理人生可以大大地改变人的本性。

为了类似的理由，我很想使大家公认，在人类社会里个别的人还是具有高尚的品德的，因为假如一旦我们认为所有人毫无例外地都是不可救药的，那么善良的人们将会放弃被认为是无用的努力，或许只想到在人世间你抢我夺的纷争中分得一杯羹，或是只是想到使他们自己舒适而已。那么，我亲爱的先生，赶快动手写吧，显示出您是善良的，因为您确是这样，显示出您是稳健的，因为您确是如此，最要紧的是证明您自己是一个从小就酷爱正义、自由和和谐的人，这种信仰使您自然而然地一贯地像我们在您最近的17年中所看到的您的行事一样。但愿您使得英国人不但尊敬您，而且爱慕您。当英国人尊敬贵国个别的国民时，他们也就会逐渐地尊敬贵国了。当贵国人民看到他们自己受到英国人的尊敬时，他们也就会逐渐地看得起英国了。甚至把您的目光放得更远一些，不要局限于说英语的人民。您在解决了关于人性和政治的这么多的问题以后，您就该设法改进全人类了。

　　由于我未曾读过这部自传的任何部分，我只认识自传的主人公，因此我有点胡言乱语，但是我相信我提及的自传和关于《品德的艺术》的论文必然会满足我主要的期望。假如您能采纳上述的一些意见，那就更合我的期望了。即使退一步讲，这些作品不能满足您的热烈赞扬者所寄予的希望，至少您已经写出了两部有趣的作品。一个人能够给人们一种纯洁的快感，那他就大大地增进了人生的幸福，人的生命本来就有着过多的焦虑和痛苦。因此，我希望您能倾听我在这里提出的恳求。

　　　　　　　您的朋友，本杰明·沃恩（Benjamin Vaughan）

　　　　　　　　　　　　　1783年1月31日，于法国巴黎

　　在好久以前，我就收到了上面的两封信，但是在这之前，我一直没有时间来满足信中所提出的要求。同时，假如我在家里写，手边有我的笔记可以帮助我的记忆，帮助我确定事件的具体时间，那么写起来就顺手多了。

　　但是我的归期不能确定，目前稍稍有点空闲，我想就努力回忆一下，把我所能记忆的写出来吧。假如我能生还故里，那时我可以加以更正和修改。

　　由于手边没有上半部的稿子，我记不清楚我是否已经讲述过我创办费城公共图书馆时所用的办法。这种图书馆开始时规模很小，现在却相当庞大了。我记得我已经讲到创办图书馆的时期（1730年）了，所以这里我将从创办图书馆讲起，假如以后发现已经讲过了，那么就把它删去好了。

第二章

————｜◆◇◆｜————

壮大图书馆

我在宾夕法尼亚创业时，在波士顿以南的各个殖民地里，找不到一家像样的书店。的确，在纽约和费城印刷铺兼营文具商的业务，但是他们只经售纸张、历书、民歌和一些普通的课本，爱好读书的读者就不得不从英国去订购他们的书籍了。"讲读社"的社员们每人有几本书。我们起初在一家啤酒店聚会，后来我们离开了那地方，租了一间开会的房间。我提议我们大家应当把我们的书籍搬到那间房间里去，这样不但开会时参考方便，而且对大家都有利，每个人都可以按照他的兴趣把书借回家去读。我们就这样做了，当时我们也感到非常满意。

后来看到了这个小小藏书楼的优点，我就主张推广读书的利益，建立一个公共会员图书馆。我起草了一个计划，拟订了一些必要的规程。请一个熟识业务的公证人——查理·布罗克登先生，把全文写成了订阅合同条款，按照合同每个订阅户同意为第一批购书先付一笔费用，以后每年付一定数目的会费来添置图书。在费城那时候读者是寥若晨星，我们又大多数很贫穷，我四处奔波也只不过找到了50个人，多半是年轻的手艺工人，愿意每人为此先付出40先令，以后每人每年付10先令。我们就靠了这样微薄的资金起步了。

书籍进入图书馆后，图书馆每周开放一天，向订阅户办理借阅手续，但是他们得签署凭证，同意假如书籍不能按时归还，就得照价加倍偿还。这种图书馆不久就显出了它的效用，其他州的城镇也起来仿效。这些图书馆获得了私人捐款后规模也扩大了，读书成为一种风尚。因为我们的人民没有公共娱乐来转移他们对读书的兴趣，所以他们对书籍就比较熟悉。几年以后，按外国观察家的看法，他们的文化水平和他们的智力，较之别的国家中同一阶级的一般人民有过之而无不及。

我们准备签署上述的订阅合同了，这合同以50年为期，对于我们本人和后代等都有约束力。当时公证人布罗克登先生对我们说："你们都是青年人，但是你们当中不大可能会有人能活到本合同期满的日子。"我们当中有几个迄今还活着，但是那合同过了几年就被一张特许状宣告无效，同时这个订阅图书馆也改制成为一个永久性的公司了。

邀请人们加入会员图书馆时，我也遇到过不少反对和抗拒，不久我就想到，当一个有用的计划可能被认为会使一个人的名誉稍稍胜过他的邻居，而他又需要别人的赞助去完成这个计划时，最好不要宣布你自己就是这个计划的首创者。因此我尽可能地把自己隐藏起来，说这是几个友人的计划，我是替他们邀请人们加入的。这样我的事情就顺利得多了，以后在这种情况下我总是这样做的。因为它的效果良好，我可以衷心地推荐这个方法。目前你牺牲一点虚荣，以后你可以获得巨大的回报。如果一时还不能确定事情当归功于谁，有些比你更爱虚荣的人，就会出来贪功。

这个图书馆给我一个不断钻研提高自己的机会，我每天挤出一两个小时来读书，这样在某种程度上弥补了我没有受过高深教育的遗憾，我父亲曾经一度有意让我接受这种高深广博的教育。

第三章

我的修身立德计划

我的宗教观

除了读书以外，我不允许我自己有其他的娱乐。我从不到酒馆、赌场或其他任何娱乐场所去消遣，在工作业务上，我继续勤勤恳恳辛辛苦苦地工作，这在当时是必要的，因为我开办那家印刷铺所欠的债还没还清。

那时，我家里的小孩快到该接受教育的年龄了。在业务上，我还得跟本地两家印刷铺竞争。虽然如此，我的境遇逐渐好转了，但我原先节俭朴素的习惯还是保持着。在我童年时，爸爸经常用一句所罗门的箴言教育我："你若勤勉，你将站在君王的面前，而不是站在庸人面前。"因此我认为勤勉是发财和成名的手段。这一信仰鼓励了我，虽然我从没有想到我会真正地站在君王面前，但是这一点倒真的已经做到了，因为我曾经站在5个国王面前过，甚至还曾和一个国王共进过晚餐——丹麦国王。

我们有句英国的谚语说："人要发财，就得请教他的妻子。"幸运的我，背后有个老婆也愿意像我一样地克勤克俭地生活。她愉快地在业务上帮助我，帮我折叠和装订小册子，照料店铺，替造纸商人收购破布等等。我们的生活很节俭，不忙的时候从不雇用仆人，伙食简单朴素，家具都是最基本的，比方说，在很长的一个时期内，我的早餐只是面包和牛奶（不喝茶），用的是一只价值2便士的土制粥碗和一只锡制的调羹。但是奢侈是会在不知不觉中侵入家庭并继续滋长的，尽管你在原则上反对它：有一天早晨我去吃早餐时，我发现盛早餐的是一只瓷碗和一只银调羹。我老婆瞒着我替我买了这些东西，她一共花了23先令的巨款，她并没有给出其他的借口或辩解，仅仅说她认为她的丈夫也应该像邻居们一样享受一只银调羹和一只瓷碗。这是银器和瓷器第一次在我们家里出现，以后在许多年中，当我们的财富逐渐增多，我家杯盘碗碟之类的瓷器也逐渐多到总计价值几百镑了。

在宗教方面，我从小所受的是长老会的教养。虽然长老会的某些教条，例如上帝的永恒判决、上帝的选拔、上帝的定罪等等，听起来莫名其妙，其他的一些教条也是可疑的，尽管我从早年起就不到长老会教堂去做礼拜，因为礼拜天是我读书的日子，但是我仍然保持着某些宗教信仰，比如说，我从不怀疑上帝的存在，上帝创造世界，上帝最喜悦的贡献是对人行善，我们的灵魂是不朽的，善有善报，恶有恶报，这种报应不是在今世，就是在来世。这些我以为是任何宗教的要素。因为在我国的各教派里，都可以找到这些要素，所以我尊重一切教派，虽然我尊重的程度有所不同，因为我发现它们或多或少地跟别的东西混杂在一起，这些东西不可能鼓励、促进或确立道德观念，而多数只能使我们分裂，使我们相互不友好。我认为即使是最坏的教派也有一些好的效果。这种尊重一切教派的态度使我避免一切可能使人对自己的信仰产生不良印象的谈话。不管是什么教派找我捐助，我总是愿意出一臂之力。

虽然我很少参加任何公共礼拜，但是我仍然认为做礼拜是应该的、有用的，假如主持得当的话。我定期地交付年捐，维持费城唯一的长老会牧师和教堂。这位牧师有时以友人的身份来看我，劝我到他的教堂去做礼拜，有时候我也被他拖去参加礼拜，有一次连续去了5个礼拜天。假如当时我认为他是一个好的传教士，也许我会继续去做礼拜，尽管我需要礼拜日的空闲时间来读书。但是他讲道的主题不是神学上的争论，就是阐述长老会独特的教条，这些对我来讲全是十分枯燥无味，毫无启发性，因为这种讲道从不宣扬或鼓吹一条道德伦理原则，它的目的好像是要我们做长老会的教友，而不是要我们做好公民。

后来，他用腓立比书第四章中的某一节作为经文："最后，弟兄们，凡是真实的、正直的、公正的、纯洁的、可爱的、有美名的，若是有什么品德或是任何可赞美的地方，你们都要加以思考。"我想用这样一段经文做主题的讲道，总不会不讲到一些道德了吧，但是他讲的只限于五点，认为这五点就是使徒的本意，它们是：一，虔守安息日；二，勤读《圣经》；三，按时做礼拜；四，参加圣典；五，尊敬教会牧师。这些可能全是好东西，但不是我意料中从那段经文里引申出来的好东西，我再也不能希望从任何其他经文中遇到我所要的好东西了，以后再也不去听他讲道了。

在这以前（1728年），我曾经编了一本小小的祈祷书或说祈祷文，准备留给我自己用，叫作"信条和宗教条例"。我又重新使用这本祈祷书，不再到教堂做礼拜去了。我这一举动可能是不对的，但是我将撇开不提，不再设法加以宽容，因为我当前的目的是讲述事实，而不是替事实辩护。

13 种品德

就在这时前后，我想出了一个达到完美品德的大胆而费力的计划。我希望我一生中，在任何时候都要做到不犯任何错误，我要克服所有缺点，不管它们是由天生的爱好，或是习惯，亦或是交友不善所引起的。因为我知道，或是自以为知道何者为善，何者为恶，我想我或许可以做到只做好事不做坏事的地步，但是不久我发现了，实际要做到比我想象的要困难得多得多。正当我专注于克服某一缺点时，始料不及的另一个毛病却冒出来了，让人防不胜防。习惯利用了一时的疏忽，理智有时候又不是癖好的敌手。后来我终于弄明白了，光是抽象地相信完善的品德是对我们有利的，还不足以防止过失的发生，坏的习惯必须打破，好的习惯必须培养，然后我们才能希望我们的举止行为能够坚定不移始终如一地正确。为了达到这个目标，我想出了下面的一个方法。

在我的阅读过程中，我发现在列举品德时，每个人的分类多少有点分歧。比方说，节制这个词，有人把它的意义仅限于饮食，也有人却使它的意义扩大了，包括调节其他的快乐、欲望、癖好和肉体的或精神的情欲，甚至把它推广到贪婪和野心方面。为了明确起见，我主张宁可多设几个项，每一项底下少包括一点含义，不要列项少而含义多。我提出了13种品德，这是当时我认为是必需的，或是相宜的全部品德名称，在每一项底下我加了一些简单的箴言，充分地说明了我认为该词含义应有的范围。这些品德的名称和它们的含义如下：

　　1. 节制：食不过饱，酒不过量。

　　2. 缄默：避免空谈，言必对己或对人有益。

　　3. 有序：你的一切应井然有序，一时一事都要有周全计划。

　　4. 决心：当做必做，做就要做好。

　　5. 节俭：对人或对己有益才可花钱，决不浪费。

　　6. 勤奋：珍惜光阴，做有益之事，避无谓之举。

　　7. 真诚：不欺骗，有良知，为人厚道，说话实在。

　　8. 正义：不做不利于人的事，不逃避自己的义务。

　　9. 中庸：避免走极端，容忍别人给你的伤害，认为是你应该承受之事。

　　10. 整洁：保持身体、衣服和住所的整洁。

　　11. 冷静：不因小事、寻常之事、不可避免之事而慌乱。

　　12. 节欲：少行房事，除非考虑到身体健康或者延续子嗣；不要房事过度，伤害身体或者损害自己或他人的安宁与名誉。

　　13. 谦逊：效法耶稣和苏格拉底。

　　既然我的目的是养成这完美品德的习惯，我认为最好还是不要立刻全面出击，以致分散注意力，最好还是"各个击破"，在一个时期内集中精力对付其中的一个。当我拥有了那种品德以后，接着就开始注意另外一个，这样下去，直到我做到了13条为止。因为先获得的一些品德可以有利于其他品德的培养，所以我就按照这个主张把它们像前面的次序排列起来。

我把节制放在第一，节制使人头脑冷静、思想清楚。为了经常保持警惕，抵御旧习惯的吸引和诱惑，这种冷静的头脑和清晰的思想是必要的。在获得和养成了这一品德以后，缄默就容易得多了。在提升品德的同时我还想增进知识，我认为在谈话时，与其用嘴还不如用耳朵更能增进知识，因此我想打破我当时正在形成的喋喋不休、爱说俏皮话、爱戏谑的习惯，这种习惯使我只能与轻浮的人交友，因此我把缄默放在第二位。在获得了这一项和下一项（有序）的品德以后，我估计会使我有更多的时间来执行我的读书计划。养成了有决心这一习惯后，我就能更坚决地努力获得其余的品德了。节俭和勤奋能使我还清债务，会给我财富和产业，会使真诚和正义的实践更加容易。接着，按照毕达哥拉斯在他的《金诗》里所提出的意见，我认为每日必须检查，因此我想出下面的方法来进行考查。

我做了一本小册子，将每一种品德分配到一页，每一页用红墨水画成七行，每天占一行，每一行上注明代表星期几的一个字母。我用红线把这些横线画成13条横格，在每一条横格的头上注明每一品德的第一个字母。在这横格的对应横线上，我可以标记上一个小小的黑点，代表在检查当天该项品德时所发现的过失。

我决定给予每一项品德一个星期的严格注意，如此轮流替换。这样，在第一个星期中，我密切预防关于节制的任何极细微的过失。其他的品德让它们像平时一样，只是每晚记下有关的过失。这样，假如在第一个星期中，我能使写着"节制"的第一行里没有黑点，我就以为这一品德已经加强了，它的相反方面已经削弱了，其程度也许足以使我扩大我的注意力到下面的一项，争取在下一周内在两行中都没有黑点。这样下去直到最后一项，我可以在13个星期内完成一个完整的过程，一年可以循环4次。

一个人要把一座花园里的野草都拔掉，他不能企图一次就拔掉所有的野草，这样做会超出他的能力范围，但是他可以在某一个时候只拔掉花园里一个花坛中的野草，在拔完了第一个花坛以后，再动手拔第二个。就像拔草一样，我希望我能令人欣慰地在我的表格上看到我在品德上的进步。在逐步地清除了横行中的黑点之后，直到末了，在几个循环之后，在13个星期的逐日检查之后，我会愉快地看到一本干净的簿子了。

我从约瑟夫·阿迪逊的戏剧《加图：一部悲剧》中引用下面这几行作为这本小册子的题句：

这儿我要坚持到底；

若是上苍有灵（整个宇宙和宇宙间的一切都在大声叫喊

证明上帝的存在）；

上帝必然喜悦美好的品德；

而上帝所喜悦的人必然幸运。

另外还引用了西塞罗①的话作为题句：

　　啊！哲学，生命的指南，美德的探索者，罪恶的祛除者。
有一天，照您的指示好好地干，总会趋吉避凶的。

另一句题句引自所罗门的箴言，讲到智慧或美德时说：

　　她右手掌握着无穷无尽的岁月，左手里全是财富和荣誉。
她的道路是幸福快乐的，她的方向是和平的（第3章，16、17
两节）。

我断定上帝是智慧的泉源，所以我认为在寻求智慧中我应当且必
须祈求上帝的协助。为了这个目的，我写了下面一篇短短的祈祷文，
放在我检查表格的前面，以便每日使用：

　　啊！全能至善的上帝，慈悲的天父，仁慈的指路人，增
添我的智慧，使我能够看清我真正的利益，加强我的意志力，
使我能够执行智慧的命令。接受我对您其他子民的衷心的服
役，作为我对上帝不断福佑的唯一可能的报答。

_____

① 西塞罗（Cicero）：古罗马政治家、雄辩家、著作家。

表格模板

节　制							
食不过饱							
饮酒不醉							
	周日	周一	周二	周三	周四	周五	周六
节制							
缄默	*	*		*		*	
有序	**	*	*		*	*	*
决心			*			*	
节俭		*			*		
勤奋			*				
真诚							
正义							
中庸							
整洁							
冷静							
节欲							
谦逊							

有时我也引用汤姆逊的一首诗作为简短的祈祷，那就是：

光明生命之父，至高之神！

啊！教我认识美德，认识至善之神！

救赎我脱离放荡、虚荣和恶习，

脱离一切下贱的追逐，

求神使我的灵魂充满着知识，心神的安宁，纯洁的品德

和圣洁、真实、永无止息的至福幸运。

有序一项的含义要求每件日常事务有一定的时间，因此我小册子里的一页上写着一天24小时的作息时间表。

上午

5点：起床、洗漱、做祈祷。（问问题：今天我要做些什么好事？）

6点：计划一天的工作，决定当日应注意几点。

7点：进行当前的研究工作，早餐。

8、9、10、11点：工作。

下午

12点：阅读。

1点：检查我的账册，午餐。

2、3、4、5点：工作。

晚上

6点：物归原处。

7点：晚餐。音乐或文娱活动，或闲谈。

8、9点：检查当天的行为。

深夜

10、11、12、1、2、3、4点：睡觉。

问题：今天我做了些什么好事？

不断修炼

　　为了进行自我检查，我开始执行这一计划。除了偶然的间断以外，我一直坚持了一段时期。令我意外的是，我发现我的过失比想象的要多得多，但我愉快地看到我的过失正在逐渐减少。因为我把表格上代表陈旧过失的记号擦掉，以便在一个新的循环开始后我可以记入新的记号，我的小册子被我翻得很快就皱皱巴巴。为了避免需要经常更换小册子的麻烦，我把表格和箴言放在一本用一种极富光泽的厚纸板制成的纪念册里，横直线是用红墨水画的，可以经久耐用，在这些格子里我用黑铅笔记录我的过失。这种铅笔记号可以很容易地用一块湿海绵擦掉。过了一段时间，在一年中我仅仅完成了一个循环，以后几年中也只完成了一个循环，直到后来我完全放弃了这一计划，因为我在外旅行或因公出国时，常常有许多事务阻挠我执行计划，但是我身边总是带着这本小册子的。

　　关于"有序"的这一项给了我最多的麻烦。比方说，我发现虽然对于一个像印刷所职工这样的人，他的工作固定，他可以安排他的时间，他或许可以做到每件事安排有一定时间的地步，但一个老板必须出外应酬，在任何时间接待因事来访的客人，那他就不可能严格遵守这一点了。关于杂物、文件等等的安放必须有固定地方这一秩序问题，我发现也是十分难做到的。早年的时候我不习惯于这样做，因为我的记忆力非常好，所以我也不觉得因这种缺乏秩序乱放东西会引起什么不便。因此这一条倒花了我不少的心血和努力，我因为这些过失而感到那么烦恼，我在这方面改进得那么缓慢，而且又是那样地常常故态复萌，使我几乎要放弃这种企图。

这正像一个人向我的邻居铁匠买了一把斧头，他要求铁匠把整把斧头磨得像斧口一样亮。铁匠同意替他磨亮，假如他愿意摇转磨刀的轮子的话，这个人摇转了磨刀的轮子，铁匠把斧头广阔的一面紧紧地重重地贴在磨刀轮的石上，这样使得摇轮子很吃力。那人不时地从轮子的地方跑过来看看工作究竟进行到了什么程度，最后他不想再磨了，宁可接受原来的斧头。"不，"铁匠说，"继续摇吧，继续摇吧。慢慢地我们就会把它磨亮的，现在只是有了斑点罢了。""是的，"那人说，"但是我想我最喜欢一把有斑点的斧头。"我相信许多人都是这样，他们因为没有像我所使用的那些方法，在其他道德和恶习方面发现要获得好习惯打破坏习惯是艰难的，所以就不再努力了，最后断定"一把有斑点的斧头是最好的了"。而某些貌似理智的东西也不时地在暗示我说，像我这样极度吹毛求疵地苛求于我自己或许竟是一种道德上的蠢事，假如有人知道了，我将成为笑柄。又说一个完善的品德会引起别人的忌妒和敌视，那倒反而麻烦了。又说一个仁慈的人会允许自己有一些过失，替他的朋友们留一点面子。

说实在话，我发现我在有序这方面的习惯是难以矫正的。现在我老了，我的记忆变坏了，我非常清楚地感到缺少这种习惯的不便。总体而言，我原先雄心勃勃地想要达到的完善境界，虽然我从来没有达到而且相差很远，但我靠着这方面的努力，却使我比做这种尝试前要好得多快乐得多了。这正像临摹帖本的人，他们的目的是要获得完美的书法，虽然他们永远也达不到他们所希望的像帖本那样卓越的书法，但是在临摹帖本时他们的书法却改善了，字也写得不但整洁易读，而且相当不错了。

我的后裔应当晓得他们的祖先一生中持久不变的幸运，直到他79岁写本文时为止，全靠这一小小的方法和上帝的祝福。我的晚年会遇见什么挫折，那是在未定之天意。假如碰到什么不幸，往日的快乐当更足以使他听天由命了。他把他长期的健康和他那迄今还强健结实的体格归功于节制。他早年境遇的安适和他财产的获得，以及一切使他成为一个有用公民和使他在学术界得到一些声誉的知识，这一切当归功于勤奋和节俭。国家对他的信任和国家给予他的光荣的职位当归功于真诚和正义。他的和气和他谈话时的愉快爽直当归功于全部这些品德总和的影响，即使他不能达到尽善尽美的境界。由于他谈话时的愉快爽直，即使在晚年他还颇受人们的欢迎，甚至年轻的友人们也喜欢与他交往。因此，我希望我子孙中会有人步我的后尘，获得良好的效果。

应当注意的是：虽然我这一计划并不是完全不涉及宗教，但是其中却没有任何教派的特殊教条的迹象。我故意避免这些教条，因为我深信我的方法是有用而极优秀的，对于信仰各种教派的人都可能有用，并且我打算早晚将它发表，因此我不希望它包含足以引起任何教派的人反对的任何内容。我曾打算替每一条品德写一些说明，指出获得这种品德的好处和与它相反的恶习的危害性。我原打算称这本书为《道德的艺术》，因为没有一样东西能像道德一样地使人发财致富，而这本书会指出养成这些品德的方法和方式，这就使它与那些仅仅劝人为善的书籍有所区别。这种空洞的理论既不教诲人，又不指出方法，但正像那个作为使徒的口头慈善家一样，不向赤身裸体的和饥饿的人指出怎样或何处可以让他们找到衣服或食物，而只是劝告他们吃饱穿暖（《新约·雅各书》第2章，15、16两节）。

好在我撰写和发表这些说明的打算从未实现。的确，我常常记下一些简短的与之相关的感想、论断等方面的笔记，以备日后之用，有一部分我还留存到现在。但是由于我早年对个人事业和日后对国家大事必须加以密切注意，使我不得不把它耽搁了。因为既然我认为它跟一个巨大的广泛的计划有关，而这个计划又需要一个人的全部精力去执行，一连串始料未及的职务，使我无法实现这一计划，故而这些说明也就迄今尚未成稿。

在这部作品中，我本想解释和应用这样一个原则，那就是：假如只考虑到人性的话，那么并非不道德的行为之所以有害，是由于它们是被禁止的，而是它们之所以被禁止正是由于它们有害。因此，做一个有品德的人，即使他只希望在今生得到快乐的话，也是于他有益的。从这种情况看来（因为世界上经常有一些富商、贵族和亲王需要诚实的仆人去管理他们的事务，而这种实诚人又很罕见），我本想努力使年轻人相信，世界上没有其他品质，能像诚实廉洁一样可能使一个穷小子发财。

我的品德列项起初只包括12条，但是一个贵格会的朋友很亲切地告诉我说，人们一般都认为我很自大，我的自大又常在谈话中显露出来，我在讨论任何问题时，总不满足于证明我是正确的，而且还傲慢自大，有点盛气凌人。关于这一点他举了几个实例使我信服。我决心尽可能地在克服其他缺点的同时，努力克服这种坏习惯或愚行，所以我增加了谦虚一项，并使这词具有广泛的含义。

　　我不敢在养成谦虚习惯方面夸口自己在实际中有多大的成就，但在外表上我却有了不少进展。我经常禁止自己说出一切直接与别人的意见相左和一切过分自信的话，我甚至采用我们"讲读社"的老规矩来要求自己，不许自己使用英语中一切表明肯定见解的单词或词句，例如"一定地"、"无疑地"等等。相反地，我采用了"我想象"、"我料想"，或是"我猜想一件事情是如此如此"，亦或是"现在在我看来好像是……"。当别人表达一个我认为是错误的意见时，我并不粗暴地驳斥他的主张，立刻指出他提案中某些荒谬悖理的地方，我放弃了这样驳斥时所带给我的快感。在回答时，我开始指出在某些情况下他的看法是正确的，但在当前的情况下，在我看来或是似乎有些不同等等。不久我发现了这种改变方式方法的好处，我跟别人的谈话比以前融洽了。由于我谦逊地提出了我自己的见解，这些意见反而更容易为人所接受，更少引起人们的反驳。当我发现我错了的时候，我也不至于过分地懊恼；当我是对的时候，我也更能说服别人放弃他们的错误，接受我的意见。

　　这种做法，起初我觉得很别扭，后来终于养成习惯了，就变得那么容易，对我来说那么自然，我想可能在过去50年中没有人曾经听我说过一句武断的话。在我早年，当我提议建立新的制度或是修改旧的制度时，我的意见之所以被人重视，以及我后来成为议员，我之所以在议会中有那么大的影响，我想这主要当归功于这种谦逊的习惯（撇开我的诚实廉洁品德不讲的话）。因为我不善辞令，从来不是一个能说善辩的人，讲话结结巴巴，常有语病，但是尽管如此，我的主张一般仍然得到人们的支持。

　　其实，在我们天生的各种感情中，恐怕没有一样比骄傲更难以驯服的了。尽管你把它改头换面，跟它斗争，把它压制下去，尽管你尽量地将它扼制克服，你还是无法斩草除根，它还会不时地钻出头来显露原形，可能在这本自传里你就会常常遇见它，因为即使我能想象我已经完全克服了骄傲这一缺点，可能我又会因我的谦虚而感到自豪了。

第三部分

续传II

【译者注】"续传II"部分是富兰克林先生于1788年在美国费城写作而成，前后写作耗时3个月左右。

第一章

续写自传II的缘起

现在是1788年8月，我在费城的家里，快要动笔继续写自传了，但我的许多笔记在战争中遗失了，因此我不能像我期望的那样从笔记中找到材料，但是我还是找到了下面这一部分。

既然我提到我曾经想出了一个巨大而广泛的计划，那么我想我应当在这里讲述一下那个计划产生的经过和它的目标。下面这个偶然被保存下来的小文件说明了它是怎样在我头脑中发生的。那文件就是1731年5月19日我在图书馆读历史时的感想，具体内容如下：

政党推进和影响世界大事、战争、革命等等。

这些政党的见解，代表着他们当前的利益或是它们认为是它们当前的利益。

这些不同政党的不同见解却引起了极大的混乱。

当一个政党在执行一个大计划时，党内每个成员的心目中都有他自己独特的个人利益。

在政党达到了它的大的目标以后，每个成员就一心一意地要求得到他自己的利益了。这些个人的利益错综复杂，相互矛盾，把一个政党分成许多派别，结果引起了更大的混乱。

不管他们口头上怎么说，政界中人的行动很少是只从国家利益这一目的出发的。尽管他们的行为是于他们国家真正有益的，但是人们仍然只是从个人利益和国家利益分不开这一角度出发的，而并不是出于尽忠报国的至诚。

在政界中为人类的利益服务的人那更是凤毛麟角了。

在我看来，目前很有必要把各国有品德而又善良的人组织成一个正规的团体，定名为"联合道德党"，党员要服从妥善、合适而又明智的党章。这些善良而明智的人，若与普通人遵守普通法律相比，当更能自觉自愿地遵守党章了。

目前我认为假如一个有声望的人能够正确地试办这样一个党，他必然能蒙上帝的喜悦，一定会成功的。

本杰明·富兰克林

我打算在今后，当我有必要的空闲时，来从事这一工作，但在筹划这一计划时，我不时地把我想到的有关思想记在纸上。这些笔记大部分都遗失了，但是我找到一个原拟作为教条草案要旨的文件，其中包含当时我所认为的各种教派的精髓，它摒弃了一切足以引起任何教派信徒反对的东西。原文如下：

天地间有一个创造万物的主宰。

上帝运用天道统治全世界。

人应当用崇拜、祈祷和感恩来敬拜上帝。

但是上帝最喜悦的服役是对人行善。

灵魂不灭。

不论是在今世或来世，上帝必赏善罚恶。

当时我对这一教派有下面的一些主张：在初期它应当只在年轻的单身汉中间开始传布，每一个入教的信徒，不但要宣布接受这些教条，而且应当按照前述方式，对于那些品德要经过13个星期的考查与实践。这一教派的存在应当暂时保密，直到信徒增加到相当人数时为止，以防止坏人申请入教，但是信徒们应当在友人中物色天资聪颖、性情温和的青年，逐步地审慎地告诉他们关于这一教派的计划。信徒们应当保证在彼此的利益、事业和上进中相互劝告、协助和支持。这一教派将定名为"自由和富裕人会"。所谓自由，是指由于普遍地养成了13种实践品德的习惯以后，人们能脱离罪恶的统治而言，特别是指在养成了节俭品德之后人们可以避免负债，负债使人有遭受拘禁和成为债主奴隶的危险。

关于这一计划，我现在所能记忆的仅剩这一点了，我记得我曾经把一部分的计划告诉过两个年轻人，他们非常热烈地赞成这样做。但是由于我当时处于困境，必须兢兢业业从事业务操作，因此不得不把这计划的进一步执行留待日后，以后由于千头万绪的公私事务缠身，使得我一再拖延，直到后来我已没有足够的精力和体力来从事于这样的一种事业了，虽然迄今我还以为这是一个切实可行的计划，如果能够把许多好公民组织起来，可能是一件十分有益的事。同时我也没有被这件事外表上的艰巨吓倒，因为我一向以为一个有相当才能的人可以创造巨大的变革，可以在人世间成就伟大的事业，假如他首先拟订一个良好的计划，摒绝一切足以分散他注意力的娱乐和其他工作，把执行计划作为他唯一的目标和工作的话。

第二章

致力文化传播

历书和报纸

1732年，我第一次出版了我的历书，用的是理查·桑德斯的笔名，出版了25年，通常称为《穷查理智慧书》。这本书不仅有趣，而且实用，因而风靡全美，当然也给我带来了巨额的收入，每年销售量几乎达到一万册之多。我看到大多数人都在读这本书，在宾夕法尼亚州更是风行，几乎是各家各户都有一本，这使我看到，这本书成了在老百姓间进行教育的一种非常适当的工具。买书时，老百姓几乎就只认购这本书，因此我把成语箴言印在历书中重要日子之间的空白处。这些成语箴言的主要目的是，教人把勤俭作为发财致富、提高个人品德的手段，因为要一个穷人一辈子诚实廉洁是比较困难的，因为有一则谚语说过"一只空袋子是不容易站得笔直的"。

这些成语箴言内容丰富，包含着来自许多国家各个时代的智慧，我把它们收集在一起，编成一篇连续的文章，作为一个睿智的老者向拍卖场上的人所发表的一篇演说，我把它放在1757年历书的卷首。把这些分散的格言放在这样一个显眼的位置，目的是为了能够让读者产生一个更深刻的印象，让他们记住。这篇文章广受褒扬，美洲所有的报纸都纷纷转载，而远在英国，人们则用巨幅纸张翻印出来贴在家里。《穷查理智慧书》有两个法文译本。传教士和乡绅们大量订购，免费赠送给贫苦的教友和佃农。在宾夕法尼亚有一个有意思的现象，因为这书反对把钱财浪费在外国奢侈品上，在它问世以后的几年中，市场上的货币不断地增多了，有人认为它对财富的增加起到了一定的作用。

我认为报纸是进行教育的一种手段，因此我常在报上转载《旁观者》，或其他有关伦理道德的文章的摘要。有时候我也发表一些我自己的短文，它们原先是为了在"讲读社"中讨论而撰写的。我的文章中有一篇是用苏格拉底的对话体写成的，旨在证明一个坏人，不管他的资质和才能如何，都不能称为一个真正明达的人。另一篇是论自制克己，指出在培养某种品德时，要等到该种品德已经成为习惯，而且不受与它相反癖好的干扰时才算牢固，这些文章大约可以在1735年初的报端找到。

我觉得诽谤和污蔑近年来成为了我国莫大的耻辱，我是不会沾边的，在做我的报纸时，对于一切带有诽谤性和人身攻击色彩的文章，我尽量避而远之。当人们要求我刊登这类文章时，作者一般总是狡辩说，我们有出版自由，报纸就好比公共马车，只要肯出钱，都可以在上面占一个位置。我的回答很坚决：假如他愿意，我可以替他单独印刷，由他自己去散发和发行，他需要多少份我都给他印，但是我不会承担替他散播毁谤的责任，既然我跟我的订户订了合同，向他们提供一些有益或是有趣的内容是我必须的义务，因此我不能在他们想看的报纸上，刊登与他们无关的个人口水战，假如我这样做，那显然是对他们不公平。

目前在我国的报纸发行人中间有许多人，为了满足个别人发泄私愤的要求，毫不犹豫无事生非地污蔑毁谤攻击我们中间一些品德最优秀的人，颠倒黑白、挑拨是非，甚至引起决斗。此外，有些报纸甚至轻举妄动到刊登文章，对邻国政府或者甚至我们最好的盟国的措施进行下流粗鄙的污蔑，这种举动可能会引起最严重的后果。我提起这些事情，是为了告诫年轻的报纸发行人，奉劝他们不要沾染这种恶习，污辱他们的报纸而使他们的职业蒙受耻辱。他们应当坚决地拒绝这种要求，因为他们可以从我的例子中看出：这种方针，从整体来看，是不会与他们的利益相违背的。

记账和演讲

1733 年我派遣我的一个伙计到南卡罗来纳州的查尔斯顿去，那里需要一家印刷铺。我给了他一架印刷机和一些铅字，跟他签了个合伙合同，三成的开支由我负责，三成的盈利也相应地归我所有。他是一个有学问的人，诚实廉洁，但不懂会计，所以虽然有时候他汇款给我，我总不能从他那里取得会计报告，在他生前我也看不到关于我们合伙情况的一个令人满意的报告。在他死后，他的老婆继续管理印刷所的事务。她在荷兰长大，据说在那里，记账是妇女教育的一部分。她不但对以往的收支作了一个尽可能清楚的报告，并且以后每季按时继续寄来十分精确的报告，她管理业务是如此成功，不但把子女们都养育成人，名声很好，而且在合伙期满以后，能够把印刷铺从我手里买下，让她的儿子去经营业务。

我提这件事，主要是为了向我们的年轻女性们推荐记账这门学科，记账大概会比音乐或跳舞对她们本人或她们的子女更有用，它使她们不至于受坏人的欺骗而遭受损失，或许还能够使她们靠着已经建立起来的关系继续管理一家赚钱的商铺，直到她们的儿子长大后能够经营和继续事业时为止，这样对于家庭既有益又有利。

大约在1734年，我们这里来了一个从爱尔兰来的年轻的传教士，他叫亨普希尔，声音洪亮，出口成章，未经准备也能讲得天花乱坠，他的说教吸引了很多不同教派的人在一起，他们同声赞美他。我跟其他人在一起，经常去听他讲道。我喜欢听他的说教，因为他不做教条式的阐述，而是热烈地劝人为善，或是用宗教术语来讲所谓的积功德。

但是我们会众中有一些自命为正统派长老会信徒的人，他们反对他的看法，大多数年长的教会牧师都参加了这一派，并且向长老会的宗教议会提出控告，指责他为异端，想要禁止他传教。我却成为他热烈的拥护者，并且尽我的力量协助他把拥护他的人组织起来，我们为他战斗了一个时期，我们倒颇有胜利的希望。这时候，双方展开了不少的口诛笔伐。我发现虽然他传教很在行，但是文章却写得很一般，因此我替他执笔，代他写了两三本小册子和一篇1735年4月在《公报》发表的论文。这些小册子，像其他普通争论性的文章一样，虽然当时风行一时，事后却很快便无人问津了，我猜想恐怕现在连一本也找不到了。

　　在论争中发生了一件不幸的事件，给他的打击很大。我们敌方阵营中有那么一个好事者，在听他讲完了一篇大受人们赞美的讲道以后，觉得似曾相识，于是几经搜索和查找，在一本英国的评论中找到了那段说教的详细引文，原来这是从浮士德博士的讲道文中引用来的，这一发现使亨普希尔在我们心目中的地位一落千丈，都表示不再支持他了，这样就使我们在宗教议会中的斗争很快失败了。

　　但是我始终支持他，因为我宁可听他念别人写的优秀的讲道文，而不愿听他自己杜撰的拙劣的说教，虽然我们普通的传教士都是自己写讲道文的。以后他向我坦白说他的说教全都不是他自己写的，他还说他的记忆力很强，任何讲道文一经过目，就能诵背不忘。在我们这里遭遇挫败之后，他就离开了我们，到别处去碰运气去了，我也离开了，以后再也不加入这一教会了，虽然我继续捐款维持这一教会的牧师达许多年之久。

外语的学习

　　1733年，我开始学习外语，没多久我学会了法语，能够顺利地阅读法语书籍，然后我又开始学习意大利语。我有一个朋友，当时也在学意大利语，他经常拉我和他下棋。当我发现下棋过多地占用了我计划的学习时间时，我终于不再和他下棋了。我跟他提了个条件，那就是每盘棋的胜者有权布置一项作业，不论是语法的背诵或是翻译，输者要保证在下次下棋之前完成作业。因为我们在棋艺上差不多是平手，这样我们就相互地把意大利语灌输到自己的头脑中去了。

以后我下了一点苦功去学西班牙语，并且掌握了阅读西班牙语书籍所需要的知识。我在前面提到过，我在幼年时曾在拉丁学校中学过一年拉丁文，但后来我忘得几乎一干二净了，但是当我熟悉了法语、意大利语和西班牙语以后，翻阅一本拉丁文《圣经》时，我出乎意料地发现，我所懂得的拉丁文远比我想象的多，貌似我小学时的那点底子起了一点作用，这就鼓励了我专心学习拉丁文。我的收获很大，因为语言是相通的，以前学过的几种语言使我学习拉丁文轻松多了。

从这种情况看来，我认为我们教外语的方式有些不合理的地方。有人说我们应当先从拉丁文开始，在学会了拉丁文以后，再学习由拉丁文演变出来的现代语言就容易得多了。为了更顺利地学习拉丁文，我们为什么不从更低级的希腊文开始呢？当然，假如你能不借用台阶而攀登到顶点，之后在下来时就更容易走了，但是无疑，假如你先从最低的梯级开始，那就更容易达到顶点了。有许多人学拉丁文，学了几年后就毫无成效地把它丢弃了，他们过去所学的几乎完全无用，因此他们的学习是白费的。既然如此，我请主管我们青年教育的当局考虑是否应当先从法语开始，然后学意大利语等等，因为即使在学习了同样的年数以后，他们不再学习外语因而从未达到学拉丁文的阶段，但是到那时他们已经学会了一门或两门外语，因为这些是现代通用的语言，所以它们可以在日常生活中使用。

扩大讲读社

我离开波士顿已经10年了，现在我生活富裕了，因此我决定到波士顿去旅行一趟，拜访我的亲戚朋友，以前生活不宽裕时我是没法去旅行的。在归途中，我到纽波特去看了我的哥哥詹姆斯，他这时已经把他的印刷铺搬到那里去了。我们俩过去的旧嫌已经冰释了，相谈甚欢。他的健康状况正在迅速下滑，他请求我在他死后（他觉得自己的时日不多了），把他当时仅10岁的儿子领到我家里来，跟我学习印刷业。这个我照办了，我先送他上学校读了几年书，然后叫他学印刷业。他母亲继续经营印刷所的业务，直到他成年时为止。他成人后，我送给他一套价值不菲的新铅字，因为他父亲的铅字有点磨损了。这样我充分地补偿了当年由于我提早离开我哥哥致使他所受的损失。

1736年，我4岁的平日很健康的儿子，不幸感染了天花而夭折了。我在很长一段时期内非常痛心和悔恨，并且到现在我还后悔没有事先替他种痘免疫。我提起这件伤心事，是为了告诫那些不替孩子们种痘的父母，他们以为万一孩子因种痘而死，他们将永远不能饶恕自己，但是我的情况表明不种痘也同样有危险，因此他们理应选择一条危险较少的道路。

我们的讲读社成为一个非常有益的组织，会员们觉得十分满意，有些会员还想介绍他们的朋友加入，但这样人数会超过最初定下的12人的限额。打一开始我们的社团就是秘密的，这一点我们都信守不渝。这样做是为了免得坏人混进来，其中有些人可能会使我们觉得难以拒绝。我就是反对放宽限额的人之一，但是为了不放宽限额，我作了一个书面建议，提议每个会员应该分头设法组织一个附属社团，拟订相同的讨论规则，但是不泄露它与讲读社的联系。我指出这个办法可以让更多的青年公民利用社团获得提高，而且我们可以更好地了解一般居民的意见，因为讲读社的社员可以在分社中提出我们讨论研究的题目，并且把各分社讨论的经过向讲读社报告。通过更广泛的推荐和介绍，我们可以增进我们每个人事业上的利益。我们可以把讲读社的主张和看法散播到分社中去，这样可以加强政治影响和为社会服务的力量。

这个计划顺利通过了，每个社员就着手组织他的社团，但是只有五六个分社成功组织起来了，它们的名称五花八门，像"葛藤社"、"协会"、"群社"等。它们不但对社员自己有益，而且带给了我们不少的消息和益处，同时在相当大的程度上达到了我们原先的期望，在某些特殊的事件上影响了公众的舆论，这样的例子，我以后还将会列举到。

第三章

投身社会福利

从政为民

1736年我当选为州议会秘书，这是我生平第一次获得升迁。第二年，当我的名字又一次提出来时（秘书的任期，跟议员的任期一样，都是一年），一个新议员，为了赞助另一个候选人，发表了一篇长篇演说反对我，但是我还是当选了。我自然很高兴，因为除了秘书职位本身的薪水以外，这个职位使我有很好的机会与议员们维持联系，这种关系又帮我拉来了印刷选票、法律文书、纸币和其他零星的政府生意。这些生意，大体说来，利润是很丰厚的。

我不喜欢这位新议员反对我，因为他不但是个财力雄厚的财主，受过教育，而且很能干，过一些时候他很可能成为议会中一个很有势力的人，后来事实果然如此。但是我不打算卑躬屈膝地去奉承他，以期获得他的好感。过了一段时间我却采用了另一个方法，我听说他的藏书中有一本稀有的珍本书，我就写了一张便条给他，表示我很想看那本书，希望他能借给我看几天。他立刻把它寄来了，大约过了一星期我把书送还给他，附了一张便条，热烈地表示我的感谢。当下一次我们在议会中见面时，他跟我打招呼了（他以前从不如此），而且非常客气有礼。从此以后，他在任何时候总是愿意帮我的忙，因此我们成为知己的朋友，我们的友谊一直持续了下去。这又一次证明了我从前听到的一句古老的格言："假如一个人帮了你一次忙，那么以后他会比受过你恩惠的人更乐意帮助你。"同时，这件事也表明了与其怨恨、报复和延长私人仇怨，倒不如审慎地把它消除更为有益。

1737年，弗吉尼亚的前任州长，当时的邮务总局局长施保茨乌上校，因不满意费城邮务代办在处理账册方面的疏忽失职和账目不明，把他革职了，就提议由我继任，我欣然接受了。后来我发现这个职位对我大有裨益，因为虽然它的薪水不高，但它便利了信件的来往，间接改进了报纸，因而增加了它的发行量，同时也招揽了更多的广告，结果是这一职位大大地增加了我的收入。此长彼消，作为我多年劲敌的那家报纸却衰落了，我对他在当邮务代办期间，不允许骑师递送我的报纸的不义之举没有进行报复，因为我已经心满意足了。这样，他因不注意适当的记账而受累无穷。我提起这件事作为对年轻人的一个教训，他们若是将来替别人办事，就应当永远把账册弄得清清楚楚，而且要规规矩矩地把款额上缴。假如能够做到这个地步，那么一个人的品德就成为他最有力的推荐书，能够替他谋得新的职位和招揽更多的生意。

现在我开始把我的心思，稍稍转移到公共性质的事务上去了。我从小事着手，费城的巡夜制度是我认为亟须整顿的小事之一。防夜原由各区的警官轮流负责，警官预先通知若干户主在夜里跟他去巡夜，那些不愿意去巡夜的人每年出资6先令，就可以免去这项差役。这笔钱原定是用来雇用替代人的，但是却大大地超过了实际的需要，这就使得警官这一职位成为一个肥差。警官们常常收罗一些乞丐无赖，请他们喝一点酒，就叫他们一起去巡夜，但是有相当地位的户主却不愿与他们为伍。巡夜工作也常常被忽略了，大多数的夜晚是在喝酒中度过的。

因此我写了一篇论文，准备在讲读社宣读，指出这些不正常的情形，特别强调警察在课税时不问纳税人的经济情况，一律征收6先令，因而造成了不平等，因为一个穷苦的寡妇户主，其需要保护的全部财产也许不超过50镑的价值，而她所付的巡夜税却和一个仓库中贮藏着价值几千镑货物的大富商完全一样。从整体来讲，我提出了一个较为有效的巡夜制度，那就是雇用适当的人经常从事巡夜工作。我也提出一个较公平的摊派巡夜费用的办法，就是按照财产的比例课税。经过讲读社的同意以后，这一计划就传到各分社去，作为各分社自己提出的一个计划，虽然这一计划并没有立刻实行，但是我们在人们的思想上替这一变革做了准备，为几年后通过的那条法律铺平了道路。当那条法律通过时，我们社员的社会地位已经日渐重要了。

大概就在这时候我写了一篇论文（先在讲读社宣读，但后来却发表了），论及酿成火灾的各种疏忽和事故以及防火须知，并劝人注意防火。大家认为这是一篇有益的文章，因此，为了迅速扑灭火灾以及在发生危险时相互协助搬运和保管货物起见，就产生了组织消防队的一个计划，不久就有30个人愿意参加这一组织。

根据我们的合同，每一队员必须经常保持一定数量适用的皮水桶和结实的袋囊及筐子（以便装运货物），一有火灾就必须把它们运到现场。我们决定每月开一次例会，讨论和交换我们想到的有关防火的看法，这种知识在发生火灾时或许对我们有用。

消防队的效用不久就很明显了，愿意加入的人大大地超过了我们认为每队所应有的适当限额。我们劝他们另外组织一队，他们就照办了。这样新的消防队一个接着一个不断地组织起来，直到后来它的数目十分众多，大多数有房产的居民都加入了。

现在当我写本文时，我最初建立的叫作"联合消防队"的组织，虽然从开始到现在已经过了50多年，却还存在着，依然很活跃，尽管第一批队员中，除了我和另外一位年纪长我一岁的人以外，其余的人全都过世了。队员因不出席每月例会而缴纳的小额罚金就用来购置救火机、云梯和其他对消防队有用的器械。结果是我猜想世界上没有其他城市比费城更能迅速地制止刚发生的火灾了。事实上，自从组织了这些消防队后，费城从未有过烧毁一两间住房以上的大火灾，通常在起火的房屋烧掉一半之前，火苗早就被扑灭了。

牧师的影响

1739年怀特·菲尔德牧师从爱尔兰来到我们这里，他在爱尔兰是一个著名的巡回传教士。最初他们允许他在我们的一些教堂中说教，但是牧师们讨厌他，不久就不准他在他们的教堂里讲道了，所以他就不得不到旷野里去说教了。千千万万属于各种不同教派的人都去听他说教，我也是其中之一。我看到他的演说对他的听众具有非常巨大的影响，而且尽管他常常辱骂他们，说他们天生是一半畜生一半魔鬼，他们还是非常赞美他和尊敬他，我看了真有点想不通。他的说教使得我们居民的风俗习惯起了极大的变化，看了令人惊叹不止。他们原先认为宗教是无足轻重，可有可无的，现在看来好像整个世界都充斥着宗教迷了。每当夕阳西沉时，假如有人到城里各处走一走，会听到每条街上的各个家庭都在唱赞美歌。

因为露天集会要受天气的影响，很不方便，所以就有人提出了建造教堂的计划。这一计划一经提出，接受捐款的人一经指定，马上就募集了足够的款项，作为购买地皮修建教堂的费用。这个教堂长 100 英尺，宽 70 英尺，面积大约与威斯敏斯特大厅相等。建筑工程是在一种热烈的气氛中进行的，它在出人意料的很短的时间内就完成了。全部房产概归董事会管理，并且明文规定相信任何宗教的教士要对费城人民说教时，都可以使用该教堂，因为这个教堂的修建原不是为了某一教派的方便，而是为了全体人民，所以即使君士坦丁堡的伊斯兰教徒要派一个传教士来向我们宣扬伊斯兰教，他也可以找到一个讲坛供他使用。

怀特·菲尔德先生在离开我们以后，他沿路布道经过各殖民地直到佐治亚州。佐治亚的殖民刚开始不久，移居到那里去的人不是那些能吃苦耐劳的庄稼汉，而是那些破产的商人和他们的家属以及其他破产的债务人，其中有许多人好吃懒做，或者才从监狱中释放出来。这些人住在森林里以后，因为干不了开垦拓荒的工作，适应不了这种艰苦生活，大批地死亡了，留下了一大群孤苦伶仃的儿童。看到了这种悲惨的情况以后，怀特·菲尔德先生的仁心大受触动，他想要在那里开办一个孤儿院来抚养和教育这些孩子。在回到北方的归途中，他宣传推荐这一慈善事业，募集了大量的捐款，因为他讲话具有一种奇妙的力量，能使听众心悦诚服地慷慨解囊。我自己就是这样的一个例子。

我并不反对这一计划，但是因为佐治亚州在那时缺乏建筑材料和工人，有人提议花很多钱把材料和工人从费城运去，我就想假如把孤儿院建在这里，把小孩子接来，这不是更好吗？我向他提出这个建议，但他坚持他原来的计划，不听我的劝告，因此我就拒绝捐款。不久以后我偶然有一次听他讲道，当时我看出他打算在讲道结束时收一次捐款，我就暗地里下了个决心一个小钱也不给，这时我口袋中有少量的铜币，三四块银元和五块金币。当他开始讲的时候，我被他触动了，我决定把铜币给他。没多久，我被他的三寸不烂之舌说得感到有点惭愧，觉得铜币太少了，就决心把银币给他。当他讲道结束时，他讲得如此动人，我彻底被感化了，我把口袋里剩下的钱全部捐了，包括金币和其他一切。同时听道的还有我们讲读社的一个社员，他也像我一样不赞成在佐治亚修建孤儿院，他猜想也许要收捐，所以为了预防起见，他从家里出来之前把口袋里的钱全倒了出来，但在讲道快结束时，他十分想捐点钱，就请站在他附近的一个邻居借钱给他去献捐。但是不幸的是他的邻居也许是当时听众中唯一不为所动不受传教士影响的人，他的回答是："在其他任何时候，霍普金斯兄您要借多少，我都借给你，但是现在不行，因为您好像神经错乱了。"某些怀特·菲尔德先生的敌人，故意宣称他会把这些捐款作为他自己的报酬，但是我跟他很熟（他常叫我替他印刷讲道文、日记等），我向来丝毫也不怀疑他的诚实和廉洁，直到今天我坚决相信他在各种行动中是一个彻头彻尾的诚实人。我想我替他作证应当特别会受人重视，因为我们不属于同一教派。的确，他曾经为我的改信而祈祷过，但是他从不为相信自己的祈祷为人所知而感到欣喜和满足。我们的关系仅仅是一种世俗的友谊关系，双方都诚恳相处，这种友谊一直持续到他去世为止。

下面还有一个故事，多少说明我们之间的交情。有一次怀特·菲尔德从英国到了波士顿，他写信给我说他不久要到费城来，但是不知道在费城他可以住在哪儿，因为他听说从前招待他住宿的老朋友贝内泽先生已经搬到日耳曼敦镇去了。我回信说："你知道我的地方，假如你不嫌弃，非常欢迎您来寒舍一住。"他回答说假如你是看基督的面上愿意竭诚招待我，上帝一定会祝福酬劳你。我回信说："不要把我弄错了。我不是看基督的面上，是看你的面子上。"我们的一个熟人开玩笑说，因为我知道圣徒们有一习惯，当他们受了人们款待的时候，总是把人情记在天上，不愿意说他们自己领了情，而我却偏把它记在地上了。

上次我在伦敦遇见怀特·菲尔德先生时，他跟我谈起孤儿院房屋的问题，他说他打算把这些建筑用来开办一所大学。他讲话时声音洪亮、吐字清晰，人们站在很远的地方也可以听得清楚他的话，特别是因为他的听众，不管人多么多，总是鸦雀无声地静听。有一天晚上他站在法院台阶上面说教，法院位于市场街中段和第二街西段（这两条街是成直角的）。这两条街上站满了人，直到相当远的地方。我站在市场街最后的地方，我想知道他的声音究竟可以听得多远，我一直向河边后退，我发现他的声音一直到离前街不远的地方还可以听得清楚，当我跑到前街时，街上的闹声才把它掩盖住了。当时我就想：假如以我的距离作一个半圆，当中站满了听众，假定每人占地两平方英尺，我算出3万以上的人都可以听到他的讲话。这时我才相信报纸的记载说他曾经在旷野里跟两万五千人讲道。在古代历史中记载着将军们向全军作大声疾呼的演说，过去我有时候怀疑，这时候我也相信了。

因为我经常听他讲道，我终于能够很容易地分清他刚写好的和那些在旅行中他已经讲过多次的说教。由于反复讲了很多次，他用后一类说教时，他的讲演就有了很大的改进，每个词的重音和每一句的重音放得十分恰当，声调抑扬顿挫，十分完美，即使一个人对于他的内容不感兴趣，对于他的演讲也不能不感到愉快，这种愉快与聆听优美的音乐时所引起的快感大致相同。这是巡回传教士较固定的相对于牧师有利的地方，因为后者不能反复使用同样的一篇说教来改进他讲演的声调和姿态。

他偶然发表的一些著作却大大地帮助了他的敌人。假如在讲道时一不留神说错了话，或者甚至提出了错误的意见，以后还可以加以解释，或是因上下文的关系而对它的意义加以限制，或者直接加以否认，但是文字的证据是不能磨灭的。他的敌人猛烈地攻击了他的著作，看起来他们的批评好像十分有道理，这样他的信徒减少了，信徒的人数也不再增长了。因此我认为假如他不曾发表什么文章，他留下的信徒一定会多得多，他建立的教派一定还会更重要，同时他的声誉即使在他死后也许还会不断增长，因为没有著作就没有根据，无从加以谴责或是毁谤，他的信徒们就可以任意想象他具有一连串的优秀品质，由于他们热烈地崇拜他，他们会希望他具有这些高贵品质。

构建防务

我的生意越来越多了，情况也一天比一天好，报纸利润很丰厚，有一段时间它是本州和邻近各州唯一的报纸。同时我也懂得了这句话的真理："在获得了第一个100镑以后，再去赚第二个100镑就容易得多了。"因为钱生钱，利滚利。

我在北卡罗来纳州的合伙生意是成功的，因此我受到鼓舞想再提拔一些一向行为端正的员工，按照北卡罗来纳州合伙的条款，订立合伙合同，使他们在各殖民地开设印刷铺。这些员工的事业绝大多数都很成功，在我们的合伙合同6年期满之后，他们有能力向我购买铅字，自己独立经营，这样他们就把许多子女抚养成人了。

许多合伙伙伴的结局往往是争吵，但我倒很愉快，因为我的合伙事业都进行得很顺利，结局也很美满，我想这大部分是由于我事先防范误会的发生，在合同中非常明确地写出了双方的权利和义务，因此就不可能发生什么争执。所以我愿意劝告所有合伙经商的人都采取这种预防策略，因为不管在订立合同时双方是多么地相互尊敬相互信任，他们之间日后仍可能发生嫌隙猜忌和抱怨，在照料业务和事务负担方面感到不公平等等，这样往往引起友谊和合作的破裂，或许引发法律或其他不愉快的后果。

大体说来，我对我在宾夕法尼亚创业这一点是十分满意的，但有两件事却使我感到遗憾，那就是：宾州没有民兵队没有防务，也没有一所教育青年的高等学府。因此在1743年我提议建立一所高等学校，当时有一个彼得斯牧师正失业，我就以为他倒是管理这样一个学校的适当人选，我把计划告诉了他，但他因为想替乡绅服务赚大钱，而且已经成功地找到了这样一个职位，所以他就不肯来做这件事。因为当时我想不出另一个适合这种职位的人，我就把这计划搁置下来了。第二年（1744年）我提议并顺利地成立了一个"哲学研究会"。我为了成立这个研究会而写的一篇论文，将收录于我未来出版的文集中。

至于防务问题，西班牙跟大不列颠已经打了几年仗了，最后法国终于也加入到西班牙一方去了，这就使我们的处境十分险恶。我们的州长汤姆斯曾经不断努力说服在贵格会控制下的我们的州议会，通过一条民兵法和采取措施来保障本州的安全，但是他的努力全然无效。因此，我就设法从人民中间征募义勇军。为了推进这件事，我首先撰写并发表了一本小册《平凡的真理》。在这本小册子里我强调指出我们毫无防备的情形，指出为了我们的国防我们必须征集和训练军队，并且约定在几天之内我将提议组织义勇军团队，广泛征求队员来加强国防。

这本小册子产生了奇效。有人向我要入队志愿书，我跟几个朋友商定了一个志愿书草样以后，我就在前面提过的新建教堂里召集了一个市民会议。会堂里差不多坐满了人。我预先印好了入队志愿书，在会堂各处也预备了笔墨。我向他们讲了一些关于国防的话，读了志愿书的项目并加以解释，以后就把它们发出去，大家踊跃地在志愿书上签了名，一点异议也没有。散会以后，志愿书收集了起来，我们征集了1200多名队员。另外还有志愿书分发到其他各地去，申请的人数终于达到1万以上。这些人尽可能迅速地自备枪械，自己组织成为团队或联队，选举他们的长官，每周集合一次，进行执枪训练和其他军事训练。妇女们集资购买了绸制军旗，赠送给团队，旗上画着各种各样的图案和箴言，而这些图案和箴言是由我提供的。

组成费城联队的各团军官选举我为他们的团长，但是因为我认为自己不够资格，就委婉谢绝了，而且推荐了劳伦斯先生。他是一个品德高尚又有地位的人，军官们就请他为他们的长官。接着我提议发行奖券，集资在城南修建炮台和装配大炮。资金迅速地凑足了，炮台不日就落成了，城齿用圆木构成，里面填上泥土。我们从波士顿买来了几尊旧炮，但是因为数量还不够，我们写信到英国去订购，同时向我们的领主①请求援助，虽然我们知道我们在这方面是不能存任何奢望的。

同时，团队派遣我和劳伦斯团长、威廉·阿伦先生、亚伯拉罕·泰勒先生到纽约去向克林顿州长借几尊大炮，他起初坚决地拒绝了我们。当我们和他及他的参事共进晚餐时，按照当时当地的习惯，他们接待客人要喝大量的白葡萄酒，酒过三巡之后，他的态度就渐渐地趋软了，答应借给我们6尊大炮。喝得正酣时，他愿意借给我们10尊，到了最后我们都喝得趴在桌子下面了，他红着脸拍着胸脯答应给我们18尊。他借给我们的都是性能优良的上等18磅炮，而且还是带炮架的。没过多久，我们把它们运回来装在我们的炮台上。在战争期间，团队每夜在炮台上放哨守望，我跟着其他队员像一个普通士兵一样按时轮岗值勤。

---

① 领主（proprietaries）：独立前英王特许独占某块殖民地的领主。

我在这些方面的活动受到了州长和参事会的欢迎，他们把我当作了知心朋友，总问我他们应当采取什么措施会有益于团练。为了获得宗教的支援，我请他们宣布吃斋一日，以求改进军队并祈求上帝祝福我们的事业。他们很欢迎这一建议，但是因为在宾州以前没有举行过斋日，所以秘书找不到前例，不知道应当怎样起草这个文告。在新英格兰这种斋日却是每年宣布的，因此我在那里所受的教育在这里也有点帮助，我就按照传统的格式起草了一份，译成德文，然后用两种文字印了出来，向全州公布。这就给予各教派的牧师一个机会去鼓励他们的会众参加团队。假如不是因为战事很快结束的话，也许除了贵格会以外的各教派都会广泛地参加团队。

我有些朋友认为，我从事这些活动会触犯贵格会因而失去我在宾州州议会中的势力，因为他们在州议会中占极大多数。一个年轻绅士，他在州议会里也有一些朋友，想要把我挤走，好由他来继任州议会的秘书，就对我说，议员们已经决定在下次选举时把我免职，于是他善意地劝我辞职，认为辞职比免职要体面些。我对他的回答是："我曾经读到还是听到过有一个政治家，他有一条原则——他从不请求职位，但是当别人请他任职时他也从不拒绝接受。"我说："我赞成他的原则，只是我在执行时将略微增加一点——我将从不请求职位，从不拒绝职位，同时也从不辞职。假如他们把我秘书的职位交给另一个人，他们可以把我免职，但我决不辞职，继而放弃在适当时候向我的对手报复的权利。"以后我再没听到这件事了。

下一次选举时我又一次当选了，像往常一样是全体一致通过的。历任州长与他的参事会在军事准备问题上面一向和州议会有着不同的看法，而州议会对这些问题感到头痛。可能因为议员们不喜欢我跟参事们交往过密，他们想要我自动离开他们，但是他们不愿意仅仅为了我热心团练就把我免职，此外又找不到其他理由。

其实，我相信假如我们不要求州议会积极协助的话，他们当中的任何人也都并非是反对国防建设的。我发现有很多人，虽然他们反对侵略性的战争，但是却不反对防御性的战事，这种人比我预料的多得多。关于国防这个问题论辩双方发表了许多小册子，有一些赞成国防的小册子却是一些优秀的贵格会教友写的。我相信这些文章说服了大多数年轻的贵格会教友。

组建消防队

关于我们的消防队，有这样一件事，使我了解了一些贵格会之间盛行的一种想法。有人提议为了资助炮台的建设，我们应当用当时消防队的约60镑的资金来购买彩票。根据我们的规章，动用款项必须在建议提出后的下一届会议中通过。消防队有30个会员，其中22个是贵格会教友，仅仅8个会员属于其他教派。我们8个人准时出席了会议，虽然我们知道有一些贵格会教友将站在我们这一边，但是究竟我们的主张能否获得多数通过我们毫无把握。只有一个贵格会教友——詹姆斯·莫理斯先生出面反对这一提案，他对于这一提案的提出深表惋惜，因为他说所有贵格会教友都反对这件事，它会引起争执，这种纷争或许会导致消防队的解散。我们告诉他，由于我们是少数，假如贵格会教友反对这一提案，在投票时胜过了我们，按照议事规程我们必须服从多数，而且也应该如此。讨论议案的时候到了，之后将进行表决，他承认按照规章我们可以在那时表决，但是因为他说他可以向我们证明有一些会员是打算来出席投反对票的，我们就应该稍稍等待他们一会儿。

当我们正在争论时，一个侍者跑过来告诉我，楼下有两位绅士想找我谈话。我跑到楼下一看，原来是我们消防队的两个贵格会的会员。他们告诉我有8位贵格会的会员在附近的一家酒馆里，他们说假如有必要的话，他们一定会来开会和我们站在一起投赞成票，但是他们希望不必这样做。假如我们可以不需要他们的出席而通过议案，他们要求我们不要叫他们来协助，因为若是他们投票赞成这样一个措施，他们的长者和朋友们可能会责难他们。这样，我既然有了通过这一措施的把握，就回到楼上去了，假装踌躇了一会儿之后，我就同意延迟一小时。莫理斯先生认为这样做是十分公正的。但是他的投反对票的朋友一个也没有来，这就使他大为诧异。一小时后，我们就以8比1的多数通过了这一决议。因为在22个贵格会教友中，8个愿意跟我们投赞成票，13人不出席，表示他们不愿意投票反对，所以按照我的估计我认为真正反对国防的贵格会教友的比例仅是1比21，因为这些人全是贵格会的中坚力量，在贵格会中声誉颇好，而且也都知道这次开会要讨论的议程。

有一位德高望重博学多才的洛根先生，他一向是贵格会教友，他写了一封公开信给贵格会教友，说明他赞成防御性战事，并且言之有理持之有故。他交给我60镑去购买炮台奖券，并且言明如果彩票中奖，奖金全部捐献作修建炮台之用。

关于防御性战争，他告诉我一个有关他从前的东家威廉·佩恩的故事。当他年轻时，他跟着东家威廉·佩恩从英国渡海到美洲来，他是佩恩的秘书。刚巧这是战争时期，有一只经过武装了的船紧紧地追赶着他们的船，他们猜想这是一只敌船。他们的船长就准备抵抗，但是船长告诉威廉·佩恩和他的贵格会随从说，他不期望他们的协助，他们可以躲到舱里去。他们都下去了，只有詹姆斯·洛根一人，宁愿留在甲板上，船长就命令他看守一尊炮。这个假想的敌船，却实在是一只友好的船只，所以没有战争。但当这位秘书跑下去报告消息时，威廉·佩恩严厉地责备他不应该留在甲板上，违反贵格会的教规，参加船只的保卫工作，特别是因为船长并没有要求他这样做。威廉·佩恩当着众人的面责骂他，惹怒了这位秘书，他说："我是你的仆人，你为什么不命令我下去呢？"州议会中的成员绝大多数一向是贵格会教友，我在州议会多年，我常常看到每当国王命令他们通过军事补助金申请时，由于他们在原则上反对战争，他们感到进退维谷。一方面，他们不愿意得罪英王政府，而直截了当地拒绝拨款，但在另一方面，他们也不愿意触怒他们的朋友，让贵格会的大多数教友违反他们的原则，顺从国王的意旨。因此他们想出各种各样的遁词来推托，而每当无可推诿非顺从不可时，他们又想出各种掩耳盗铃的方法。最常用的方法是在"供国王使用"的名义下通过拨款，却从不过问该款的具体用途，但是假如请求拨款的命令不是直接来自国王，这句话就不太适用了，他们就得另外想出一些花样来。比方说，新英格兰的政府因缺少火药（我想是为了防守路易斯堡）请求宾夕法尼亚拨给一些火药，汤姆斯州长极力主张州议会应当加以援助，而州议会又无法拨款购买火药，因为火药是战争的要素，但是他们通过拨款3000镑援助新英格兰，款项交由州长掌握，作为购买粮食、面粉或其他粒状物之用。有些参事想给州议会更多难堪，劝州长不要接受这笔款项，因为它不符合他的要求，但是他回答说："我接受这笔钱，因为我很了解它的意义，所谓其他粒状物就是火药。"因此他购买了火药，他们不再反对此事。

在我们的消防队里，当我们害怕我们购买奖券的议案通不过时，我就想到这件事，我对我的朋友沈先生（我们的一个队员）说："假如我们的提议没有通过，我们可以提议用这笔钱来购买一架救火机，贵格会教友不会反对这件事，接着你就提名我，我提名你，我们两人组成委员会购买机器，我们就买一尊火炮，这当然是一架救火机呀。"他说："原来你在州议会里呆了那么久，你也有进步了。你这双关的计划简直可与他们的'粮食或其他粒状物'媲美了。"贵格会把反对任何战争作为他们的原则之一确定下来并宣扬出去之后，尽管他们以后改变了主张，由于这些原则已经公开宣布了，因此不可能很容易地把它们推翻。因此而引起的进退两难的情形使我想起我们中间有一个教派叫作德国浸礼会，他们采取了一种在我看来比较慎重的态度。

在这个教派成立以后不久，我认识了它的创办人之一迈克尔·威尔菲。他向我诉苦说，其他教派的狂热信徒无端地诬告他们，说他们有一些令人憎恶的信条和习惯，其实这完全是无中生有。我告诉他说，这对新成立的教派是常有的事，为了消灭这些无耻谰言，我以为最好是把他们的信条和教规公布一下。他说，这些话他们中间也曾经有人提过，但是为了下面这个缘故大家不同意。他说："当我们这一教派刚成立时，蒙上帝的启示，使我们看到某些我们过去认为是真理的教条实在是谬误的，而有些我们过去认为是错误的却是真理，上帝不时在指引着我们，我们的原则在不断地改进，我们的错误在不断地减少，但我们不敢断定我们的进步已经登峰造极，我们心灵的或神学的知识已经尽善尽美。我们怕假如一旦我们把我们的信条公布的话，我们会觉得受它的约束和限制，可能会使我们不愿意再加以改进，而我们的子孙将会更加如此，因为他们认为他们的长辈和创立人的遗训是神圣不可侵犯的，是应当信守不渝的。"一个教派这样谦逊恐怕是人类历史上绝无仅有的吧。其他教派总是以为自己获得了全部真理，认为持有不同见解的人是完全错误的。像一个人在大雾弥漫的时候行路，在他前面远处的人看上去好像完全沉浸在大雾中，在他后面和在两边田野里的人也是如此，但在他近旁的一切好像很清晰，实际上他跟其他人一样都在大雾中。为了避免这种进退维谷的窘境，近年以来越来越多的贵格会教友辞去了州议会和政府中的职位，宁可放弃他们的权力，也不愿在原则上妥协。

按时间的先后来讲，我很早就应当提起下面这件事了。1742年我发明了一种"开放式火炉"，这种火炉能够更好地使房间变暖，同时能节省燃料，因为冷空气在进炉时就烘热了。以后我就制造了一个模型送给我的一个老朋友罗伯特·格蕾斯。他开设了一家翻砂厂，他发现制造这种火炉的铁板获利甚为丰厚，因为买这种火炉的人越来越多了。为了扩大销路，我编写和发表了一本小册子，定名为《新发明宾夕法尼亚火炉说明书：本文特别说明它的构造和使用方法，证明它较其他取暖方法的优点，驳斥一切反对使用这种火炉的议论》。这本小册子发行后效果良好，汤姆斯州长非常喜欢书中所介绍的这种火炉的结构，他甚至提议在若干年内给我专利权，但是我不想取得专利权，因为在这个问题上我心里一向有着这样一个原则：既然别人的发明给了我们巨大的便利，我们也应该乐于让别人利用我们的发明，并且我们应当无偿地慷慨地把我们的发明贡献给他人，但是伦敦的一个五金商人从我的小册子里窃取了许多东西，把它改装成他自己的东西，做了一些小的改动，这些变动只是降低了火炉的效力，就在伦敦取得了专利。据说，他倒因此而发了一笔小小的横财。别人从我的发明中窃取我的专利权不限于这一个例子，虽然有时候他们也不一定同样获得成功，但是我从不跟他们争讼，因为我自己无意利用专利权来获利，同时我也不喜欢争吵。这种火炉广泛推行，不管是在宾州或在附近的殖民地里，给居民节约了大量的柴火。

开办学院

战争结束了，因此团练的工作也结束了，我的思想又一次转到开办学院这件事上去了。我第一步是邀请我朋友中的一些积极分子参加这个计划，其中有相当数量是讲读社的社员。第二步是编写和发表一本小册子，叫作《有关宾夕法尼亚青年教育的建议》，我把它们免费赠送给居民中有地位的人。过了一些时候我认为他们已经读过这本小册子，因而在思想上有了一些准备时，我就为开办和维持这所学院开展募捐。捐款在5年内分5次缴纳，这种分期缴款办法，我认为可以使得认捐数大一些。事实上我相信也是如此，假如我没有记错的话，认捐总数不下5000镑。

在这些计划的序文中，我不把它们当作是我的计划，而是把它们归功于一些爱国绅士。按照我的惯例，尽可能地避免把我自己当作公益事业的发起人公布出去。为了尽快地实现这个计划，捐款人从他们自己中间推选了21个理事，并且指定我和当时的首席检察官法兰西斯先生替这个学院起草一个组织章程。这个章程拟订好了，校舍租好了，教师聘请好了，而学校我记得就在那一年（1749年）开学了。

学员的人数不断地增加，原来的校舍很快就不够用了，当时我们正在物色一块合适的地皮，打算修建校舍，但是这时上帝忽然赐给我们一所现成的大厦，只要稍加改动，就足可以使用。这就是前面提到过的怀特·菲尔德先生的听众们出资修建起来的教堂。我们是这样获得这所大厦的。

我们记得这所大会堂是由许多不同教派的人出资修建起来的，所以在推选保管该项房地产的理事时，他们不许任何教派占有优势，免得以后有人利用这种优势，违反修建这所会堂的原意，把整所房屋拨给某一教派独用。因此他们从每一教派中推选一人为理事，也就是说，圣公会一人，长老会一人，浸礼会一人，弟兄派一人等等。如果因死亡而有空额时，由理事会从捐款人中推选一人补缺。碰巧这位弟兄派理事与其他理事不和，在他死后理事会决定不再选弟兄派的人做理事了，但是问题是在选举新理事时怎样才能避免一个教派有两个理事。

理事们提出了几个候选人的名字，但是为了上述的理由未能通过，终于有一个理事提出我的名字，他说我仅仅是一个诚实的人，不属于任何教派，这说服了其他理事，使他们推选了我。当年修建会堂时的那股热情老早就烟消云散了，理事会无法觅得新的捐款来付偿地租和其他与会堂有关的债务，因此感到十分为难。现在我是两个理事会的理事了，是会堂的理事，也是学院的理事，因此我有一个很好的机会跟两方面商谈，最后使双方达成了一项协议。

按照这项协议，会堂理事会把会堂让渡给学院理事会，后者承担付偿债务的责任，应允遵照修建该堂的原意永久在会堂里划出一大间满足传教士们的不时之需，并开办一所免费教育寒门子弟的学校。于是双方订了合同，学院理事会付清了债以后，就接管了房产。我们把这高大的会堂分成两层，每层又隔成若干房间作为讲堂。我们另外又买了一些地，整个场所不久就符合我们的需要了。学员们就搬进了这所大楼。所有跟工人订合同、采购物资和监督工程等工作都落在我的肩上，但是我倒还是很乐意地担任这些工作的，特别是因为它们并不妨害我自己的业务，因为一年前我已经跟一个十分能干、勤勉和诚实的伙伴大卫·休姆先生合作了。他以前替我做了四年，所以我很了解他的性格。他负担了管理印刷铺的一切工作，使我得以脱身，他则按时付给我应得的红利。这一合伙关系维持了18年之久，对双方都大有裨益。

没过多久，学院理事会向州长领得了一张执照，注册为法人，从英国寄来了捐款，乡绅们也捐献了土地，所以理事会的基金增加了，州议会迄今为止也捐了不少。现今的费列得尔费亚大学就这样成立了。我从开始一直是理事之一，迄今快40年了。我看到许多青年在大学里受了教育后，其卓越才能著称于世，成了社会有用之材，为国增光，我感到由衷的欣慰。

前面我讲到，我摆脱了私人的业务经营，当时我自以为我已经获得了一笔足够的财产，虽然数目很有限，但是已经能够使我在未来的一生中获得空闲时间从事哲理的探讨并欢度晚年。我购买了斯宾斯博士的全部仪器，他是从英国到美洲来讲学的。我很快地着手做电学试验。

第四章

热心公益事业

与印第安人谈判

现在社会上的人，以为我是一个有闲阶级了，就抓住我来为他们服务，政府的各部门恨不得都给我安排个职位分配一些工作。州长任命我为太平绅士[①]，市政府选我做市议会议员，不久以后又选我为市参议员，市民又选我为州议员，在州议会中代表他们。后面的那个职位特别使我喜欢，因为我对于呆坐在一旁听别人辩论都失去兴趣了。作为州议会的秘书，我不能参加辩论，而这些辩论又是如此枯燥无味，无聊的我不得不在纸上画画数字方阵表、圆圈或是任何东西自娱自乐。

同时我认为当了州议员，可以为市民做出更大的贡献了。虽然我

[①]　太平绅士（Justice of the Peace，简称JP）是一种源于英国，由政府委任民间人士担任的维持社区安宁、防止非法刑罚及处理一些较简单的法律程序的职衔。

对大多数的荣誉和虚名是不那么当回事的，但对于州议员一职我感到非常光荣，因为我出身低微，这些地位对我来说已经十分了不起了，尤其使我特别感到高兴的是，这些职位代表着社会舆论对我的一种自发的认可和赞扬，完全不是我自己钻营得来的荣誉。

太平绅士的职务我稍稍做了一点，出了几次庭，开庭听人诉讼，但是我发现要当好太平绅士，我这个门外汉是不够格的，因此我逐渐退出了，找的借口是我不得不在州议会中履行议员的更重要的任务。我每年当选州议员，连续达10年之久，我从不曾请求任何选举人投我的票，也从不直接或间接地表达我要求当选的愿望。我当州议员时，我的儿子当了州议会的秘书。第二年，我们要与印第安人在卡莱市谈判了，州长送了一封咨文给州议会，建议州议会从议员中指定几位议员和参事会中的一部分参事共同组成一个谈判委员会。州议会指定了我和州议会议长（诺利斯先生），我们就奉命到卡莱市去，因此会见了印第安人。

印第安人喝酒个个都是海量，但酒品极烂，喝醉了就大声喧哗、无法无天、不守秩序，所以我们严格禁止把任何酒类卖给他们。当他们为了禁酒而抱怨的时候，我们对他们说，如果他们在谈判期间不喝酒，在谈判结束后我们愿意给他们大量的朗姆酒。他们答应了，也守了约，因为他们买不到酒。谈判进行得很安静，结果也使得双方颇为满意。谈判结束后，他们要朗姆酒，我们就给了他们。

他们的男男女女和小孩一共约有100人，住在城外临时的木屋里，木屋排成一个四方形。在傍晚的时候，我们听到他们中间人声嘈杂，委员们就跑到城外去看个究竟。我们看见在四方形的中央是一个大篝火，他们不分男女全喝得烂醉，互相争吵着殴打着。在阴暗的篝火火光之下，隐约地看出他们半裸的淡黑色的身躯，互相追逐着，拿着火把互相殴打着，口中发出可怕的喊叫声，这种情景极似我们想象中的地狱。喧嚣经久不息，我们就回到我们的寓所去了。在午夜的时候，几个印第安人跑来打雷一样地敲我们寓所的门，要求更多的朗姆酒，我们没有理睬他们。

第二天，他们发觉自己错了，他们不该打搅我们，于是派了三个酋长来道歉。发言人承认了错误，但是把错误推到朗姆酒身上，接着他说朗姆酒："创造万物的大神使得物各有其用，既然神指定某种东西有某一用途，不管这用途是什么，那东西就应当按着这用途来使用。当神创造朗姆酒时，神说：'这酒是给印第安人喝醉用的'，所以印第安人必须执行神的旨意。"

创办医院和教堂

1751年，我的一个好友汤姆斯·邦德医生想要在费城开办一所医院（一个用意甚好的计划，有人说这计划是我的，但最初是他的主张），以便收容和治疗穷苦无依的病人，不问其是否本州居民或是外地人。他热诚而又积极地为这个计划募捐，但是因为这个建议在美洲尚属创举，起初人们还不很了解它，他的努力收效不大。最后他到我这儿来，恭维我说，他发现要实现一个公益事业的计划，没有我参加就不行。他说："因为我去向人募捐，人们常常问我：'这件事你跟富兰克林商谈过没有？富兰克林怎么说？'当我告诉他们我还没有跟你谈过（因为我以为这件事多少有点非你所长），他们就拒绝捐款，只说他们将考虑这个计划。"我问了他这个计划的性质和可能的用途，他的解答使我感到非常满意。我不但自己捐了钱，而且热诚地计划向别人募捐，但是在向人募捐之前，我设法在报上发表了有关这一计划的文章，以便让人们在思想上有所准备。在这种事情上这原是我的一种惯例，但是他却忽略了这一步。以后人们的捐款就比以前踊跃了，但是不久捐款就越来越少了，我知道州议会若不加以援助，光靠捐款是不够的。因此我主张申请州议会津贴，接着我们就这样做了。代表乡村的议员们起初并不喜欢这个计划，他们表示异议说，这个医院只对城里人有益，因此应当完全由城里的市民出资来开办。同时他们也怀疑多数市民自己是否赞成这个计划。和他们的意见正相反，我认为它受到市民普遍的欢迎，毫无疑问我们能够募得2000镑的捐款。他们认为我的想法是一种过高的奢望，是完全不能兑现的。

我的计划就是建立在这种情形上的。我请求州议会允许我提出一个议案，按照捐款人的请求把他们组成一个社团并给予若干津贴。州议会允许我提出这一议案主要是因为他们考虑到如果州议会不喜欢它，就可以把它否决掉。我把重要的条款作为一个条件提出，就是说："兹经本议会决定，当上述捐款人组织起来，选出理事和司库，募集若干基金（年息作为上述医院免费供应给清苦病人的伙食、看护、诊治和药剂之用），并向当时的州议会议长提出适当证明时，上述议长当依法签署通知州司库付与上述医院的司库2000镑，分两年付清，每年一次，作为开办修缮和装修之用。"这一条件使得该议案获得通过，因为原先反对拨款的议员现在认为他们可以不费分文地获得慈善家的美名，他们就赞成这议案。以后，在向人募捐时，我们强调该议案中的有条件的诺言，使人更乐于捐助，因为每人的捐款将变成双倍。这样这个附带条件在两方面都起了作用。因此捐款总数不久就超过了规定的必需数目，我们提出要求并获得了政府津贴，这就帮助了我们实现这一计划。不久我们建造了一所适宜而又美观的大楼。长期的经验证明这一医院是有益的，直到今日它还很兴旺。

在我毕生的政治策划中，按我记忆所及，没有一桩事情的成功在当时给我这么多的快慰，或是在事后当我想起时，能够如此容易地使我宽宥我自己曾经略施狡黠。

大约在这时候，另外一个发起人——吉尔伯特·坦南特牧师来看我，要求我帮助他募捐兴建一所新的教堂。这所教堂将归他手下的长老会教友使用，他们原先是怀特·菲尔德先生的信徒。我坚决地拒绝了他的请求，因为我觉得三天两头地找市民们募捐会招致他们对我的不满。以后他要我提供给他一张名单，列举从经验中我认为是慷慨解囊、热心公益的人的姓名。我想在他们同情地答应了我的请求，捐了款以后，假如我还把他们指出来使他们受其他募捐人员的纠缠，那我就太不讲道理了，所以我也拒绝给他这样的名单。后来他要求我至少给他一些忠告。"这个我倒很愿意，"我说，"首先，我劝你先向那些你知道一定会出钱的人募捐；其次，向那些你不知道究竟会不会捐钱的人募捐，并把已经捐了钱的人的名单给他们看；最后也不要忽略那些你相信不肯出钱的人，因为其中有些人你可能会看错的。"他笑着向我道了谢，他说他愿意接受我的劝告。他倒真的这样做了，他向每一个人募捐，结果是他得到的总数比他预料的大得多。用这笔钱他就修建了拱门街那所宏伟而又十分华丽的教堂。

街道铺路议案

虽然我们的城市规划得美观整齐，我们的街道既宽阔又笔直，并且相互交错成直角形，但是不幸的是街道的马路年久失修，一到雨季，沉重的马车轮把马路轧得像泥塘似的，一到晴天就会尘土满天飞，实在令人无法忍受。我曾经一度住在以前的泽西市场附近，当我看到市民在购买食物时在泥地里跋涉的情形，颇感不安。后来在市场中央的地方终于铺上了砖，所以市民们一到市场，就可以踩着这些砖通过，但是市场外面的街道往往泥泞不堪。我跟人讨论过这件事，我也为此写过文章，终于使得从市场到住宅前面的人行道这一段街道铺上了石板。在某些时间内，这就使得人们可以不弄脏鞋子顺利地到达市场了。但是因为这条街的其他地方都未经铺路，所以每当一辆马车从泥路走上石路时，把它的泥土震动下来，堆在石板上，不久石路上也沾满了泥泞，又没有人去清除这些污泥，因为这时城里还没有清洁工。

经过了一番调查以后，我找到一个贫穷但很勤快的人，他愿意做清道工作，每周扫街两次并把每家门前的垃圾搬走，每家每月出资6便士。接着我就写了一张传单，把它印了出来，指出这一笔小小的费用可能替邻近的人们带来的好处。例如，人们脚上带进来的泥泞减少了，我们家里就可以比较容易弄干净了；街道清洁后，顾客更容易到店铺来，顾客增多可以增加商店的营业额等；在刮风的时候，灰沙不致吹到他们的货物上去；等等。我每家分发一张传单，一两天后我跑到各家去访问，看究竟有多少人愿意签订合同支付这6便士。各家毫无例外地都签了合同，在一个时期内这个计划进行得顺利。全市居民对于市场附近街道的清洁，因为感到它便利了大家，都很高兴。这就使得人们普遍地要求把所有街道都修铺起来，同时也使得他们更愿意为铺路而纳税。

过了一些时候，我起草了一个替费城铺路的议案，并在州议会中提了出来。这件事发生在1757年，刚好在我去英国之前，等我离开美洲后，这议案才获得通过。当时在估定税额的方式方面做了某些变更，这些变动我认为是不好的，但通过的议案还附有关于路灯的条款，这倒是一个很大的改进。一个普通老百姓，已故的约翰·克里夫顿先生曾经把一盏灯装在他门口，这样他就作为实际的榜样说明了路灯的效用，人们是从他的实例中最初萌生在全城各处设置路灯的念头的。

有人把首创这一件公益事业的光荣归于我，但实在是属于那位先生的。我只是模仿了他的榜样，我只是在改进路灯的形状方面略有微功。我们的路灯跟起初我们从伦敦买来的球状路灯是不同的。这些圆形的路灯有下列缺点：空气不能从下面进去，因此煤烟不能迅速地从上面出去，煤烟只在圆球内打转，黏附在球壁上，不久就阻塞了路灯应发出的光线，而且每天需要去擦拭灯罩，如果一不小心碰一下就破了，整个灯罩就无法再使用了。因此我建议用四块平玻璃拼凑起来，上面装一长烟道以便煤烟上升，灯下要有裂缝以便空气进去，促进煤烟的上升。这样，灯罩就可保持干净，不至于像伦敦的路灯那样，在几小时内就变成昏暗无光了，路灯就可以不断地光明灿烂直到天明。即使偶然碰一下，一般也只敲破一块玻璃，重配也很方便。伦敦沃克斯豪尔花园的球状灯底下的孔洞使得灯罩干净，我有时候觉得很奇怪为什么伦敦市民没有想到在他们的路灯底下同样地也开几个孔。果然他们的路灯底下也有孔，但是这些孔洞是别有用途的，那就是用麻线穿过这些孔洞悬挂下来，使得火焰能够迅速地传递到灯芯。至于放入空气的用途，他们好像并没有想到，因此，路灯点了几小时以后，伦敦街上已经暗淡无光了。

城市清洁建议

提起这些改进，使我想起我在伦敦时曾向法瑟吉尔博士建议的一件事。法瑟吉尔博士是我认识的人中间最优秀的人之一，是公益事业的一个伟大首创者。我看到在天晴的时候，伦敦的街道是从来没有人去扫的，尘土随风飘扬，任由其自然积储起来，一下雨尘土就变成了泥浆，满街泥泞，除了由穷人拿着扫帚开辟出来的一条小道外，连穿越街道都不可能。这样过了几天后，人们花了很大的工作量把泥浆耙起来，倒进上端敞开的马车中，但是当马车在马路上颠簸时，车身两侧会震出烂泥来，掉在路上，有时使路人感到烦恼。伦敦市民之所以不扫除街上尘土的理由，据说是因为怕尘土会飞进商店和住宅的窗户。

一件偶然发生的事情使我知道扫街原来花不了多少时间。一天早晨，在我克雷文街寓所的门口，我看见一个穷苦的妇人拿着一把桦树枝扫帚在扫我门前的人行道，她看上去很苍白很虚弱，好像大病初愈的样子。我问她谁雇用她来扫街，她说："谁也没有雇用我，但是我穷苦不堪，我在富贵人家门前扫地，希望他们会给我一点钱。"我要她把整条街扫干净，我愿意给她1先令。当时是9时整，在12点钟时她来要钱了。起初我看她动作很迟缓，因而简直不能相信这件事那么快就做完了。我派我的仆人去看个究竟，他回来报告说整条街扫得一干二净，所有尘土都放在路中央的明沟中了。下一次下雨的时候，就把尘土冲走，所以人行道甚至阴沟，都十分干净了。当时我认为假如一个虚弱的妇人可以在3小时内扫净这样一条街，那么一个干活麻利的壮年男子或许只要一半的时间就可以办到。

在这里我要说明，在这样狭窄的街道中，与其两边靠近人行道处各有明沟一条，不如在街道中央开一条沟较为便利，因为当一条街上的全部雨水从两边集中在中央时，它在中央形成一股急流，有足够的力量可以冲洗掉它所接触到的全部泥土。如果把它分成两路，水流就常常太弱，不能冲洗掉两边的泥土，只会使它所接触到的泥土更加稀烂，所以车轮和马蹄就把它泼溅在人行道上，因此使得人行道肮脏泞滑，有时也会把泥浆溅在路人身上。我曾向这位善良的博士提出了如下的建议：为了更有效地打扫和保持伦敦及韦斯敏斯德的街道清洁，本人建议雇用守更人若干名，在干旱的季节里扫除泥土，在雨季里把刮泥泞，每名看守人负责巡逻几条大街小巷。他们要置备扫帚和其他清道用具，放置在一定的场所，以便他们所雇用的穷人扫街之用。

在干旱的夏季里，在商店开始营业和住家打开窗户之前，每隔适当距离，将垃圾集成一堆，清道夫将用紧闭的车子把它们全部运走。把集在一起的泥土不要堆积在街上，免得车轮和马蹄又把它们散播开去。清道夫应备有若干车辆，车身不是高高地装在车轮上，而是低低地装在滑盘上。车底用格子构成,上铺稻草,可以保持倒入的污泥并允许水分从底下排出,这样泥浆的重量将大大减轻,因为其中大部分重量是水。这种车辆应放置在适当距离的地方,泥浆将用手推车运来,泥车将停留原处直到水分排干时,然后用马匹把它们拖走。

从那时以后我对这个建议的后半部分是否切实可行,有点怀疑了,因为有些街道很狭窄,泥车放在那里就会占去太多的地方以致阻塞交通,但是我还以为那前半部分(主张在商店营业前扫清街道运走垃圾)在夏天是切实可行的,因为夏天白天时间长。有一天早晨7点钟,我走过伦敦河滨街和佛里特街,看见虽然天已经亮了,太阳已经升起3个多小时了,可是还没有一家店铺开门。伦敦的市民宁愿在烛光下生活在白天睡觉,但是在另一方面,他们又常常抱怨烛税太高,烛价过高,其实真有点荒唐。

也许有人以为这些区区小事,不值得留心或加以叙述。虽然在刮风的时候,灰沙吹进一个人的眼睛或是一家店铺,那是小事,但是假如他们考虑到在人口众多的城市里有千千万万的人或店铺受到灰沙的袭击以及这些袭击的发生次数,他们就会觉得这是一件重要的大事,可能他们就不会过分地非难那些留意这些似乎微不足道的事项的人了。

造成人类幸福的与其说是千载难逢的巨大的幸运,倒不如说是每日发生的细小的方便。所以如果你教会一个贫穷的年轻人自己刮胡子,保养他的刮胡刀,你对他一生幸福所做的贡献可能比给他一千个金币还大。钱可能很快花光,只留下了用钱不当的懊恨,但是假如教会他自己刮胡子,他就可以避免经常等待理发师刮胡子的麻烦,避免理发师有时候肮脏的手指、令人不快的呼吸和迟钝的刮胡刀。他可以在最方便的时候刮胡子，每天享受用锋利刮胡刀刮胡子的快乐。在这种思想的支配之下，我冒昧地写下了前面这几页，希望它们包含了一些启发性的东西。这些东西可能有时对我亲爱的城市（我在这城里快乐地住了许多年了），或许对我们美洲的其他城市不无参考的价值。

联邦政府计划

在一段时间内我被美洲邮政总长委任为他的审计员，管理若干邮政分局并监督邮局职员。当1753年他过世时，我和威廉·亨特一同被英国的邮政总长委任为美洲邮政总长，继任他的职位，在这以前美洲的邮局从没有向英国的邮局上缴过利润。我们两人的年薪是600镑，假如我们可以从邮局的盈余中获得这一数目的话。为了要达到这一目的，我们得做许多改进工作，其中有几项在刚开始时不可避免地要花费许多钱，所以在起初的4年中邮局欠了我们薪金达900余镑之多，但是不久邮局就开始付清我们的欠薪了。当英王政府的大臣们异想天开地把我免职时（我以后还要提到此事），我们已经使得它向英王政府上缴的净收益较爱尔兰邮局多3倍。自从他们轻举妄动地把我免职以后，他们连一文钱也没有拿到过。

邮局的事务使我在这一年到新英格兰去旅行了一次。新英格兰的剑桥大学主动授予我文学硕士学位，康涅狄格州的耶鲁大学以前也授予过我一个类似的学位。这样，虽然我没有受过大学教育，却获得了大学给予的荣誉。这些学位的赠予是由于我在物理学电学部分中有所改进和发明。

1754年和法国发生战争的危险又来临了，商务大臣命令各殖民地的代表在纽约州首府奥尔巴尼举行代表大会,会同印第安人"六个民族"的酋长共同商讨防守彼此国境的问题。汉密尔顿州长在接到这个命令之后就通知州议会,并请州议会提供适当礼品以备在开会时赠送给印第安人。州长提议由我和议长（诺利斯先生）会同汤姆斯·佩恩先生以及秘书彼得斯先生组成宾夕法尼亚代表团。州议会就通过了这个名单,提供了礼品,虽然议员们不大赞成在宾州以外进行谈判。我们和其他代表团约在6月中旬于奥尔巴尼集会。

在赴会途中,按照国防和其他重大共同事业的可能需要,我拟订了一个计划,把各殖民地联合在一个共同的政府之下。当我们经过纽约时,我把我的计划给詹姆斯·亚历山大先生和坎纳德先生看。这两位绅士对于政治是颇有研究的。他们的赞同给了我信心,我就大胆地在代表大会中提了出来。当时好像有好几个代表都制订了同样的计划。我们首先讨论了一个先决问题：究竟是否应当组织一个联邦？我们一致通过了要建立一个联邦。然后我们指定了一个委员会,考虑关于联邦的各种计划和报告,该委员会由每一殖民地各派一名委员组成。委员会碰巧选择了我的计划,于是经过了一些修改之后,我的计划就被报请州议会考虑采纳了。

按照这个计划,联邦政府将由总统一人管辖,总统由英王委任并受英王节制。各殖民地州议会中人民代表选举内阁成员。在代表大会中,代表们一边讨论着印第安人事务,一边却讨论着这个计划。代表们提出了许多不同意见,但是他们终于克服了各种困难,全体一致表决通过了，并把抄本寄送英国贸易部和各州的州议会。这个计划的结局是很奇特的：各地的州议会不赞成这个计划，因为它们都认为联邦政府的特权太大了，但是在英国人们却认为这个联邦政府太民主了。因此英国贸易部不赞成，也没有提请英王批准。有人提出了另一个计划，据说它更符合要求。按照这种计划，由各州州长和部分参事会同商量练兵和修建炮台等事宜，所需费用由大不列颠国库垫付，事后由议会向美洲殖民地征税来偿还。我的计划和支持我这个计划的理由可以在我已经印行的政治论文集中找到。

那年冬天在波士顿，我常常跟雪莉州长讨论这两个计划。我俩之间关于这一问题的部分谈话也可以在这些政治论文中找到。人们用不同的、相反的理由反对我这个计划，这就使我猜想它实在是一个真正折中的办法。到现在我还以为假如当年我们采纳了这一计划，对大西洋两岸都有好处。按着这个计划联合起来之后，殖民地一定会有足够的自卫能力，那就不需要英国的驻军了，当然也就没有以后向美洲征税的借口了，因课税而引起的流血斗争也都可以避免了。但是这种错误并不是绝无仅有的，历史上有过许许多多由国家和帝王所造成的错误。纵观历史，看得清自己利益的人，或是看见以后能够急起直追的人何其稀少。执政的人，因为事务繁忙，一般都怕麻烦，不喜欢考虑或是执行新的计划。因此大多数优良的议案不是经过事前的深思熟虑才被采纳的，而是由于时势所迫勉强地被接受的。

当宾夕法尼亚的州长把我的计划送交州议会时，他表示赞同，认为"在他看来这一计划似乎判断精彻、言之有理、持之有故，因此值得州议会加以最细心、认真的考虑"。但有一个议员却趁我一次缺席大会的时候，使州议会讨论了这一议案，并使议会不予考虑，我不但认为这种把戏非常猥琐，完全见不得光，而且对于结果表示十分遗憾。

州议会州长之争

这一年在赴波士顿的途中，我在纽约遇见我们的新任州长莫理斯先生，他刚从英国来，以前我跟他很熟。他奉命来接替汉密尔顿先生，后者因为受了领主训令的约束不可避免地要与州议会发生争执，因感到厌倦而辞职了。莫理斯先生问我，他是否会像前任一样干不下去。我说："不，相反地，如果你躲着点州议会，你就会干得很顺利。"他愉快地说："我亲爱的朋友，你怎么能劝我避免与州议会争辩呢？你知道我就好争辩，争辩是我一生中最大的快乐，但是为了表示我尊重你的劝告，我向你保证我将尽可能地避免争辩。"他爱好争辩，倒也不是完全没有理由的，因为他能说善辩，是一个精明的巧辩家，因此在争辩中一般总是胜利的。他在这方面从小就训练有素，据说他的父亲常常于饭后坐在桌旁，使他的孩子们互相争辩以此为消遣，但是我想这种做法是不明智的，因为根据我的观察，凡是喜欢争论、抗辩和辩驳的人在工作中一般总是倒霉的。尽管有时候他们获得胜利，人们总是憎恨他们的，获得人们的好意比胜利更为有用。我们分开以后，他到费城去了，我去了波士顿。

在归途中，我在纽约看到了州议会的表决案，从这些表决案看来，好像尽管他向我做了保证，他和州议会的关系已经十分恶劣了。在他任职时期，他和州议会之间一直是水火不容、斗争不断。我也参加了这场斗争，因为我一回到州议会，他们就要我参加各种各样的委员会，驳复他的讲演和咨文，而委员会总要我起草这些文件。我们的答复和他的咨文常常非常尖酸刻薄，有时竟是粗鄙的谩骂。他知道这些答复是我替州议会写的，因此人们也许以为当我们见面时，难免要唇枪舌剑一番，但他却是一个内心忠厚的人，所以我们两人间并不因这些争执而引起个人的嫌隙，我们还常常在一起吃饭。

有一天下午，正当这公务上的争吵达到白热化时，我们在街上碰到了。他说："富兰克林，请你跟我一块儿到我家去消磨一个晚上。我有一些朋友要来，你会喜欢他们的。"他挽着我的胳臂，领我到他家去了。饭后，我们一面喝着酒，一面愉快地聊天，他开玩笑地对我们说，他很喜欢桑科·潘萨②的想法，当有人提议叫他做国王时，他请求让他统治黑奴，因为那么做，如果他和他的人民意见不合时，他可以把他们像黑奴一样卖掉。

有一个坐在我旁边的他的朋友说："富兰克林，你为什么始终偏袒这些该死的贵格会教友呢？你把他们卖了，不是更好吗？我们的领主愿意高价收买呢！"我说："州长还没有把他们涂得够黑呢。"他确实在他所有的咨文中，竭尽其能地想把州议会涂成漆黑一团，但是州长刚把黑色涂上，州议会便尽快地把它擦去，而且把它回敬给他，涂在他自己的脸上，所以当他发现看来他自己将变成黑人的时候，他像汉密尔顿先生一样，对于这种争执感到厌倦了，就辞职了。

---

② 桑科·潘萨（Sancho Panza）：西班牙作家塞万提斯著名小说《唐吉诃德》中的人物，唐吉诃德的仆人，没文化而有实际经验和富于常识，与唐吉诃德的耽于幻想形成对比。

　　这些公务上争执的终极原因是领主，他们是我们世袭的州长，每当为了防御他们的领地而需要负担费用时，他们的吝啬小气是令人难以置信的，他们训令他们的代理人不让征收必要捐税的议案被通过成为法令，除非在同一法令中明文规定他们巨量的财产获得豁免。州议会连续三年坚决反对这种非正义行为，虽然最后它终于不得不屈服了。最后，继任莫理斯州长的丹尼上尉终于大胆地拒绝执行这些训令了。

　　这件事的具体经过我将在后面展开。我讲得太快，这些是后话了，在莫理斯州长任内，还有几件事需要一提。

第五章

参与对法战争

贷款筹粮

这个时候，在某种意义上对法国的战争已经开始了，马萨诸塞州的法军准备进攻纽约的克朗波因特，派遣了昆西先生到宾夕法尼亚，波纳尔（后来成为波纳尔州长）到纽约去求援。因为我是宾夕法尼亚州的议员，熟悉议会里的情况，又是昆西先生的同乡，所以他便要我利用我的地位帮助他。我口述了他向州议会发表的演说，这篇演讲的反响良好。州议会通过一万镑的援助，用来购买粮草，但是州长拒绝批准州议会的议案（该议案包括这笔援助和其他给英王的津贴），除非议案中加入一条，豁免领主的财产支付任何因需要而缴纳的捐税。虽然州议会极想使得他们对新英格兰的援助获得成效，但是不知道应当如何进行。昆西先生努力敦促州长加以批准，但是他很顽固。

那时我提出了一个办法，不需要州长就可办到，那就是开贷款部门理事的汇票。按照法律，州议会有权开具该项汇票。事实上，贷款当局当时没有多少存款，因此我提议这些汇票应当在一年中兑现，并且负担5厘的利息。我以为用这些汇票或许可以顺利地购得粮草，州议会毫不踌躇地采纳了我的建议。这些汇票立即印制了，而我是指定签署和转让这些汇票的委员之一。收回这些汇票的经费，是当时全州纸币贷款的利息和消费税的收入，这两者用来收回汇票大家知道是绰然有余的，因此立即获得了人们的信任，它们不但用来支付粮草的费用，而且许多有钱人，手里有闲钱，就把钱投放在这些汇票上。他们发现这种投资是很有利的，因为当这些汇票在手上时它们有利息，在任何时候它们可当作现金使用，因此汇票被抢购了，在几个礼拜以后，便销售一空了。这样，通过我的方法，这件要事是完成了。在昆西先生致州议会的措辞文雅的备忘录中，他表示了谢意，归家时因自己使命的完成而感到兴高采烈，并且从此以后他对我有着最深厚诚挚的友谊了。

征集战马

英国政府不肯允许各殖民地按照奥尔巴尼会议的建议联合起来，也不愿意让这个联邦建立它们自己的国防，担心殖民地的武装力量会因此过分强大，从而危及到殖民者自己的力量。这时候英国政府对各殖民地已经怀着猜疑和忌妒的态度，因此它派遣了布拉多克将军和两个联队的英国正规军队，渡海来美洲作为驻防军。他在弗吉尼亚的亚历山大里亚登陆，从此向马里兰的弗雷德利敦进军，在这里他停止前进等候车辆。我们的州议会听说这位将军对议会有极强烈的成见，以为州议会反对他的军队，所以要我以邮务总长的身份，而不是以议会的名义去拜访他，假装跟他商量，用最迅速稳妥的办法传递他与各州州长之间的信件，因为他必然要继续不断地与他们联系。各州州长建议邮递费用由他们负担。我的儿子这一次随我同行。

我们在弗雷德利敦找到了这位将军，他很焦急地等待他副官们的归来，他派他们遍访马里兰和弗吉尼亚的边缘地区去收集车辆。我跟他在一起呆了好几天，每天和他一同进餐，我有充足的机会解除他的全部成见，我告诉他为了帮助他作战，州议会在他到达前已经做的准备，而且现在还是愿意尽力协助。当我正要动身回去的时候，收集运货马车的统计数字送来了，根据这些数字好像只有25辆车子，而且其中有些还是破旧不堪的。将军和他的副官们惊惶失措，认为这次征伐要失败了，因为它无法进行了，他们怒骂英国政府愚昧无知地叫他们在缺乏粮草行李等运输工具的地带登陆，因为他们至少需要150辆运货马车。

碰巧我说了句可惜他们不在宾夕法尼亚登陆，因为那里几乎每一农家都有运货马车。那位将军马上抓住我这句话，说：“那么，先生，你在那里是一个有地位的人，也许你能够替我们设法搞到这些车辆，我恳请你承办这件事。”我问他愿意给马车主人怎样的报酬，他就要我把我认为必需的报酬写在纸上。我照办了，他也同意了这些报酬，于是马上准备了委托书和训令。我一到兰开斯特马上就登了一个广告，并将这些报酬在广告中列明。这个广告产生了巨大迅速的效果，所以倒是一个有趣的文件。

我从将军那里领到约800镑，作为付给车主等人的预付租金，但是因为这笔款项还不够，我又垫付了200多镑。两星期后150辆马车和259匹驭马就启程向军营出发了。那广告本来就承诺如有车马损失，照估价赔偿，但是物主说，他们不认识布拉多克将军，或是他们不知道他的诺言是否可靠，所以他们坚持要我亲自担保，于是我就担保了。

有一天晚上我在军营里跟丹巴上校联队的军官们共进晚餐，丹巴上校告诉我他替他的部下担忧，他说这些军官们收入一般都不多，在这米珠薪桂的国度里，这次经过旷无人烟地区的长征中所必需的日用品，他们无力购买。我对他们的处境表示同情，决定设法替他们想些补救办法，但是我没有告诉他我的意图，第二天上午我就写了一封信给一个有权支配一些公款的委员会，热诚地希望他们考虑这些军官的处境，提议赠送给他们一些饮食和日用必需品。我的儿子对于军营的生活和需要，曾经有过一些经验和体会，他替我开了一张单子，我就把它附在信里。委员会同意了我的请求，这件事办理得如此迅速，当宾州的马车队到达军营时，这些日用必需品也由我儿子押运着送到了，共计20包。

这20个大包，包装得好好的，放在20匹马上。每一个包和一匹马一同送给一个军官。军官们收到这些礼物时，非常感激，两个联队的上校都写信给我，表示衷心的感谢。

将军看我替他租到了车辆等物也感到十分满意，马上偿还了我的垫付款，并再三地向我道谢，还要求我继续协助他，替他输送粮草。这事我也答应了，并且忙忙碌碌地采办着军粮，直到我们听到他败北的消息为止，我私人替他的军队垫付了英币1000镑以上，我寄了一张账单给他。幸亏在这次会战开始的前几天，他收到了这张账单，他立即寄回来一张汇单，命令军需官付还给我1000镑的整数，余数并入下次账目。现在我认为能够收回这笔款子是极大的侥幸，因为以后我就再未能收回余数。这件事以后我还要提到。

轻敌惨败

丹巴将军我倒以为是一个勇敢的人，在某些欧洲的战争中他很可能成为一位优秀军官，但是他过于自信，高估了正规军的战斗力，低估了我们美洲殖民地人民和印第安人这两股力量。我们的印第安语翻译乔治·克罗根带了100名印第安人参加了他的队伍，这些印第安人，如果他好好地对待他们，可能作为向导、侦察兵等，对他的军队大有用处，但是他看不起他们、怠慢了他们，所以后来他们慢慢地离开了。有一天，我跟他谈话，他稍稍告诉我他进军的计划，他说："攻下了宾夕法尼亚州西南部城市迪凯纳以后，我将直捣尼亚加拉。攻下尼亚加拉以后，如果季节还不太晚的话，我将进攻芳堤娜。我想那时季节一定不会太迟，因为迪凯纳阻拦不了我们多久，迪凯纳一旦被攻下，我就不知道有什么东西可以拦阻我进攻尼亚加拉了。"

在这以前我很早就认为，当他的军队在一条羊肠小道中进军时，他必然要把队伍拉得很长，而这条小道就可以因森林和丛林而被切断，我也想到我曾经读到过，前一次有1500个侵入伊洛奎印第安人地区的法国人遭到了失败，因此我有点怀疑，同时我也替这次出征捏一把汗。但是我鼓足勇气只敢说："当然喽，将军大人，如果您带着一支配备了这么多大炮的优秀部队安全地到达迪凯纳，由于迪凯纳的防御工程尚未完成，而且听说驻军人数也不多，因此您攻占迪凯纳指日可待。不过我担心的只是印第安人的埋伏可能阻碍你的进军。印第安人对于埋伏轻车熟路，因此在掩护和偷袭方面都是十分巧妙敏捷的。您的军队的行军队列必然拉得很长，几乎有4英里之远，这样它可能遭受到从侧面来的突击，可能被切成几段。由于距离过远，被切断的部分不可能及时地相互支援。"

他笑我愚昧无知，回答说："的确，这些野蛮人对于你们未经训练的美洲殖民地民兵可能是强敌，但是对于英王陛下的久经训练的正规军，先生，他们是微不足道的。"我想到我没有资格跟一个军人争辩他专业上的问题，所以我就不再多说了。敌人并没有像我担心的那样乘机攻击他那漫长的队伍，他们让它继续前进，不加阻挠，直到离目的地9英里的地方。那时，部队比较集中（因为部队刚渡过了河，先头部队停止前进等待着全军过河），而且处在一块比以前所经过的地方更宽阔的林间空地上，就在这里，敌人从树后和丛林后面用密集的火力向先头部队进攻。到这时将军才第一次知道原来敌人就近在咫尺。先头部队既然已经秩序大乱，将军就催促大军上前援助，但是由于马车、行李和牲口的缘故，队伍的前进十分混乱。不久敌人从他们的侧面开了火。军官们因为骑在马上，是明显的目标，成为了众矢之的，很快都倒下了。士兵们挤在一起，也听不到军官们的号令，只是呆在那里供人射击，直到他们当中三分之二的士兵都中弹死了，到了那时，他们恐慌极了，大家就慌张地逃走了。

赶车的每人从牲口中拉出一匹马来，匆忙地逃走了。其他的人也跟着逃命了，因此所有的马车、粮草、大炮和军火全丢给敌人了。那位将军受了伤，好容易才把他救了出来。他的秘书雪莉先生在他的身边中弹而死。86名军官中，死伤的达63人之多，1100个士兵中死了714个。这1100个士兵是全军中的精锐，其余的部队留在后方归丹巴上校率领，按照原定的计划丹巴上校将押运着大量的军火、粮草和行李前进。逃走的士兵并没有受到敌人的追袭，他们逃到了丹巴的军营里，他们所带来的恐慌立即使得丹巴上校和他的部下惊惶失措。虽然他现在还有1000多人，而击溃布拉多克的敌人最多总共也不会超过400名印第安人和法国人。

丹巴上校不但不向前进军设法雪耻，反而命令把全部粮草和弹药等物加以销毁免受拖累，以期获得更多的马匹帮助他逃回殖民地。当时弗吉尼亚、马里兰和宾夕法尼亚的州长们请求他把军队驻扎在边境上，以便保护居民，但是他匆匆忙忙地继续撤退，一直退到费城，那里的居民可以保护他，他才觉得自己安全了。

这件事第一次使我们美洲殖民地人民想到：我们对于英国正规军的勇敢无敌推崇备至，是毫无根据的。并且在登陆后经过村落的第一次行军中，他们抢劫掳掠无所不为，使得某些穷苦家庭完全破产。居民若敢违抗，那么侮辱、虐待和幽禁就会接踵而至。这件事足够使我们厌弃这种保卫者了，假如我们真正需要人来保卫的话。这与我们法国友人的行为真是天壤之别。法国人在1781年从罗德岛到弗吉尼亚，经过我国人口最稠密的地区，在近700英里的行军中，军纪严明秋毫无犯，老百姓没有失去一头猪、一只鸡或者甚至一个苹果。

那位将军的一个副官欧姆上尉受了重伤，和将军一起被救了出来，并且继续跟他住在一起，直到几天后将军亡故为止。欧姆上尉告诉我，将军在第一天一句话也没有说，在夜里他只说："谁想得到呀！"第二天他又沉默了，到了最后只是说："下一次我们就知道如何对付他们了。"几分钟以后他就死了。

秘书的文件包括将军的全部命令、训令和通讯，全部落入了敌人的手中，他们挑选了几件，把它翻成法文印了出来，证明英国人在宣战前已经具有敌意了。在这些发表的文件中，我看见几封将军写给内阁的信，信中对于我向陆军提供的巨大协助和服务赞誉备至，并请他们注意我。大卫·休谟几年以后做了赫特福德勋爵驻法公使任内的秘书，以后在康威将军任国务大臣时，他又当了他的秘书，他也说他在国务大臣的档案中看到了布拉多克的信件，极力地推荐我。但是因为这次出征失利，人们大概认为我的协助也没有多大的价值，因为这些推荐对我从未发生过什么作用。

从将军本人那里，我只要求了一个酬谢，那就是请他命令他的部下不要再征募我们买来的仆人，已经征募的请他释放。这件事他很快地应允了，因此有几个买来的仆人，经过我的申请，重新归还他们的主人。当军权转入丹巴手中时，丹巴就不那么慷慨了。当他退却或是逃奔到费城时，我请他释放兰开斯特3个穷苦农民家的被征募的仆人。他向我保证，他的军队就要开到纽约去，几天之后他将在特伦顿，如果这些主人到特伦顿去看他，他在那里会把他们的仆人还给他们。于是这些农民花费了一些路费，不辞辛劳地到特伦顿去，到了那里他拒绝践行他的诺言，致使他们大失所望，而且花费甚大。

等到关于车辆和马匹损失的消息普遍传开以后，所有的主人都向我索取由我作保的赔偿费。这搞得我非常棘手，我告诉他们赔偿的款项已经在军需官的手中了，但是付款的命令必须来自雪莉将军，我向他们保证说我已经向雪莉将军申请赔偿，但是因为他在远处，我们不能立即得到复信，他们必须有耐心。这一番话不能满足大家的要求，有的人开始向我提出诉讼了。最后雪莉将军终于使我解脱了这种可怕的处境，委派了几个委员来审查各人的要求和支付赔款。赔款总数近两万镑之巨，如果要我赔偿，我就要破产了。

在我们接到失利的消息之前，有两位邦德医生带着募捐册来向我募捐，以便集资燃放一次盛大的烟火，准备在获得我们攻下迪凯纳的消息之后狂欢庆祝之用。我面孔很严肃，我说我认为当我们确实知道需要狂欢庆祝时，再来筹备也不为晚。他们好像很惊讶我没有立刻附和他们的建议。其中有一个人说："你总不会以为这个炮台攻打不下来吧？""我并不以为这个炮台会攻不下，但是我知道胜败难料。"我就告诉他们我之所以怀疑的理由，募捐就此作罢，因此他们总算避免了一件会使他们懊丧的事。如果他们买了烟火，他们定会悔恨交加。以后在另一个场合，邦德医生说他不喜欢富兰克林的凶兆感。

在布拉多克受到挫折之前，莫理斯州长不断地跟州议会纠缠不清，写了许多咨文，企图强迫州议会通过州防经费而免征领主财产，他否决了所有州议会的议案，因为它们没有豁免领主财产的条款。现在危险更大了，州防的需要也更加迫切了，所以他加紧向州议会展开攻势，达到目的的希望也越来越大了。但是，州议会还是坚定不移，因为他们相信正义是属于他们的，如果他们让州长修改他们的财政法案，他们的权限将受到严重的侵犯。在最后一批议案中有一个议案，拨款五万镑，实际上，州长只建议了修改一个字。原来的议案说："一切动产和不动产都得课税，领主的财产亦然。"州长把"亦"改成"不"字，修改虽不多，意义却有很大的变更。我们一直把州议会对州长咨文的答复寄给我们在英国的朋友。当这个军事失利的消息传到英国后，这些朋友们就哗然指责领主不应该对他们的州长发出这样卑鄙的非正义的训令。有的甚至说他们既然破坏了他们殖民地的州防，那么他们就丧失他们对该殖民地的权益了。他们受到了舆论的压力，就命令自己的岁入征收总管捐助5000镑，不论州议会通过多少州防经费。

州议会接到了这样的通知以后，就接受了这5000镑作为他们应缴捐税的代金，接着就提出了一个新的议案，附有免税条文，于是议案就通过了。根据这个决议，我是处理该项经费的委员之一，拨款共达六万镑。我积极地参与了这一议案的起草工作，并积极地使它获得通过。

练兵筑炮

同时，我起草了一个建立和训练义勇军民兵组织的议案，并且很容易地使它在议会中获得通过，因为在议案中我们使得贵格会教友可以保持自由。为了推动成立民兵组织所必需的团练，我写了一篇对话，这篇对话和民兵法案刊登在1756年2月份的《绅士杂志》上。我尽己所能地提出了一切反对这种民兵的想法，并加以答复和驳斥。这篇对话印了出来，我想发生了很大的效力。

当城市和乡村的几个连正在组织和训练的时候，我答应了州长的请求去接办我们西北部的边防，那里常有敌人出没，要我去训练团练，修建一连串的炮台来保卫当地的居民。我把这个军事任务承担下来，虽然我并不认为我自己是十分够格干这件事的。他给了我全权的委任状，给我一包空白的军官委任状，以便颁发给任何我认为适合的人。招募民兵我倒没有遇到什么大的困难，一下子我就招募了560名，由我统率。

我儿子在上次战争中是攻打加拿大军队中的一名军官，就当了我的副官，他对我很有用。印第安人已经焚毁了纳登荷（这是一个弟兄派教友居住的村落），并且屠杀了当地的居民，但是我们认为这个地方是建筑炮台的一个好地点。

为了向纳登荷进军，我在伯利恒集合了连队，伯利恒是弟兄派教友的主要所在地。我出乎意料地发现伯利恒的防御准备做得非常好，因为纳登荷的毁灭使他们感到唇亡齿寒。该地主要的房屋都用栅栏防卫起来，他们从纽约购买了一些枪支和弹药，他们甚至在他们高大的石头房子的窗户与窗户之间，放置了许多铺路石，以备妇女们用来向任何企图侵入的印第安人的头部投掷。武装起来了的教友们也轮班看守，像任何驻防城市的守备队一样有条不紊地交替休息。在跟他们的主教斯潘根堡谈话时，我提到了我感到的惊奇，因为我知道他们获得了议会的特许，豁免他们在殖民地的军役，我满以为他们是真心诚意认真地反对当兵的。他回答说反对服兵役不是他们确定的原则之一，在获得议会特许时，有人认为他们的信徒中有许多人是反对服兵役的，但是这一次，他们出乎意料地发现只有极少数人保留这种信仰。看来不是他们欺骗了他们自己，就是他们欺骗了州议会，但是当常识与眼下的危险结合起来有时候是能够克服怪僻的念头的。

就在1月初，我们着手修筑炮台了。我派遣了一个支队到密尼新克去，为了保护那个地势较高地区我命令他们修建一个炮台，我又派了另一个支队带着类似的使命到地势较低的地区去。最后我自己带着其余的部队到纳登荷去，在那里我们认为必须更迅速地修建一个炮台。那些弟兄派教友替我张罗了5辆运输马车，搬运我们的工具、粮草、军火、行李等物资。有11个农民被印第安人从他们的农场中赶了出来，我们刚要从伯利恒出发时，他们跑来找我，请求发给他们火器，使得他们可以回去抢救牲口。我发给每人一支枪和一些子弹。我们还没有走出几英里路，天就下起雨来了，而且整日不停。在路上也没有避雨的场所，到傍晚我们到了一个德国移民的家里，在他的房子里我们大家紧紧地挤成一团，全身湿得像落汤鸡一样。幸亏我们在路上没有碰到敌人，因为我们的火器十分简陋，我们的士兵怎么也没法使枪机不受潮。印第安人能想出巧妙的办法来保持枪机干燥，而我们却束手无策。就在当天这些印第安人碰见了上面提到的11个可怜的农民，击杀了10个。那个从虎口里逃出来的唯一幸免者说他和他同伴的枪打不出去，因为枪管被雨淋湿了。

第二天天晴了，我们就继续前进，到达了荒无人烟的纳登荷。在附近有一个锯木厂，厂旁还留着几堆木板，用这些木板不久我们就为自己建造了些临时兵房，由于我们没有帐篷，在这样严寒的季节里修建兵房倒是十分必要的。我们第一件工作是更妥善地埋葬留在那里的尸首，在这以前乡下人只把它们草草收殓而已。第二天上午我们为炮台做了个计划，选择了台基，炮台周围共长455英尺，这就需要455根栅栏，紧密排列，每根栅栏由直径1英尺的树干制成。我们共有70把斧头，并且立即动手伐木，因为我们的士兵是伐木能手，所以效率很高。我看到伐木的速度是如此迅速，当两个人开始砍伐一棵松树时，我就好奇地望着我的表，不出6分钟他们两人已经把它砍倒在地上了，我发现那棵树的直径有14英寸，每棵松树可制成3根长达18英尺的栅栏，栅栏的一端削尖。当伐木工作正在进行时，我们的其他士兵在四周挖掘了深达3英尺的壕沟，以便把栅栏插入土中。我们把马车的车身拆掉，拔掉连接前后两段辕杆的钉子，把前后轮分开，这样我们就有了10辆马车了，每辆由两匹马拖拉，把栅栏从森林运到工地。当栅栏立好以后，我们的木工在圈内沿着栅栏用木板搭了一个搭板，离地约有6英尺高，以备人们站在上面从枪眼中向外射击。我们有一门旋转炮，装在一个角上，一经装妥我们就开炮，告诉印第安人（假如他们有人在附近的话）我们有了这种装备了。这样我们的炮台——假如我们如此简陋的栅栏够得上这样雄伟的称谓的话，总算在一星期内完成了，尽管每隔一天就大雨倾盆，使得士兵们无法进行工作。

　　这件事使我有一个机会看到，当人们在工作时，他们觉得非常满足，因为在工作的日子，他们温厚愉快，意识到自己完成了整整一天的工作，他们的晚间就过得很愉悦，但是在空闲的日子里，他们就桀骜不驯、争吵不息、挑剔他们的伙食，不断地发脾气。这使我想起一个船长来，他总是使他的水手们持续不断地工作着。有一次他的大副报告说，他们的工作全做完了，也找不到什么工作可做了。他说："啊，叫他们洗刷一下锚吧。"

尽管这种炮台简陋不堪，但抵御没有大炮的印第安人，当然是绰绰有余了。当我们站稳了脚跟，在必要时，我们也有了退路之后，就大胆地结伴搜索邻近地区。我们没有碰到印第安人，但是我们在附近小山上却发现了他们躲藏着窥伺我们行动的地方。这些地方有一种巧妙的装置，似乎值得一提。这时候是冬季，印第安人需要烤火，但是如果在地面上生一堆普通的火，那么在远处人们看见了光亮就知道他们的位置了。因此他们在地上掘了直径约3英尺深的洞。我们发现他们用斧头从森林里倒下的烧焦圆木上砍下木炭来。用这些木炭他们就在洞底生起了小火，并且我们看到他们上半身躺在地洞四周草地上所留下的痕迹，他们的腿放在洞里以保持足部温暖，保持足部温暖对他们是十分重要的。用这种方法来生火，敌人看不到火光、火焰和火星，甚至也看不到烟，因此他们就不会被发现。看来他们人数并不多，好像他们已经晓得我们的人数过多，他们要袭击也不能寄希望于打胜仗。

加强团练防务

我们有一个热心的长老会牧师比蒂先生充当我们的军中牧师，他向我抱怨说，士兵们一般不来参加祈祷会，不来听他的训诫。当他们应征时，除了饷银和伙食外，我们还答应每天给他们一及耳朗姆酒，我们按时发酒给他们喝，一半在上午，一半在晚上。我发现他们来喝酒倒是十分按时的。因此我跟比蒂说："作为一个牧师，要你去管理朗姆酒或许是有点屈尊，但是如果你等到祈祷会完毕后才发酒，他们都会来的。"他觉得这办法不错，接受了这个职位，有几个人帮他斟酒，这事进行得很顺利，祈祷会从未有过这样座无虚席、按时不误的情形，因此我认为与其用军法来处罚那些不参加礼拜仪式的人，倒不如用这种方法为妥。我在这一工作刚完成并在炮台里贮备了充分的粮草之后，接到了州长的一封来信，告诉我他已经召集了州议会，要我去参加会议，假如边境的形势不需要我再在那里驻阵的话。我在州议会里的友人们也来信劝我去开会，如果可能的话。现在我的三个炮台既然已经修建完毕了，居民们在炮台的保护之下也安心地留在自己的农场里了，我就决心回去。更高兴的是一个新英格兰的军官，叫作克拉彭上校，他对于与印第安人战争颇有经验，刚巧到我们的地方来访问，同意担任指挥官的职务。我给他一张委任状，在检阅驻军时，我向全军宣读委任状，并把他介绍给全体士兵，我认为由于他的军事技能，他比我更适宜于做他们的指挥官。对他们讲了几句劝勉的话以后，我就离开了。他们护送我到伯利恒，在这里我小住了几天消除疲劳，当我第一天夜里睡在一张舒适的床上时，我简直无法入睡，因为这与裹着一两条毯子睡在我们纳登荷木屋里的地板上，有着天壤之别。

在逗留伯利恒期间，我稍稍了解了一下弟兄派教友的风尚。有几个弟兄派教友一直陪着我，所有的弟兄派教友都对我十分客气。我发现他们实行共产，伙食是集体的，许许多多人一起睡在集体宿舍里。我在宿舍里看到在靠近天花板处的四围墙上每隔一定的距离开一个气孔。我认为这些气孔为了流通空气，开在上端是很适宜的，我参加了他们的礼拜仪式，当时我听到了优美的音乐，感到快慰，他们用提琴、箫、横笛、竖笛等乐器来伴奏风琴。我知道他们讲道时，不像我们平常那样，对男女老少混合的会众讲，他们有时候召集已婚的男子，有时候召集他们的妻子，有时未婚青年男子、未婚青年女子和儿童分头集会。我曾听过他们向儿童说教。男孩由一个青年男子（他们的导师）带领，女孩由一个青年妇女带领进入会场，依次坐在凳子上。所讲的内容似乎十分适合他们的水平，讲时使用一种亲切愉快的口吻，仿佛诱哄他们做乖孩子似的。他们的纪律颇好，但是似乎面色苍白，健康欠佳。我猜想他们被关在屋子里的时间太多了，或是运动太少了。

我调查了弟兄派的婚姻习惯，想弄清楚他们是否像传说那样用抽签方式决定配偶。他们告诉我只是在特殊情况下他们才用抽签来决定。在一般情况下，当一个青年男子打算结婚时，他就告诉他班上的长辈们，他们又跟那些管理青年女子的老年妇女商量，由于这些男女长辈们对于他们自己学生的性情脾气都很熟悉，他们最能判断谁和谁最合适，一般情况下男女双方总是同意他们的决定的，但是比方说，假如他们认为有两三个青年女子都同样地适合一个青年男子，那时才使用抽签的办法。我提出了反对的意见说，如果婚姻不是由当事人自愿选择，他们当中可能有人会感到不满。告诉我这件事的人回答说："就是你让当事人自己选择，他们也可能会产生不满。"事实上这一点我也无法否认。

回到了费城以后，我看到团练的事情进行得很顺利，除了贵格会教友以外，其余的居民几乎全都加入了，他们按照新的法律把自己组成许多中队，选出了他们的上尉、中尉和少尉。团练的军官们开会时，选举我做团队的团长，这一次我接受了这一职位，我忘了我们一共组织了多少中队，但是我们有1200个雄赳赳的战士列队游行，还有一中队的炮兵，他们带有6门铜质野战炮，他们使用这种野炮非常熟练，每分钟能发12炮。在我第一次检阅了我的团队以后，炮兵们送我到家，坚持要在我家门口放几个礼炮对我致敬，炮弹把我电学仪器上的几块玻璃震下来摔坏了。事实上我的新荣誉也跟这些玻璃一样脆弱，因为没多久英国政府废除了我们的团练法，我们的军衔也接着被撤销了。

在我担任团长的短暂时期中，有一次在我将出发去弗吉尼亚旅行之前，团队中的军官们认为他们应当护送我出城直到渡口。当我正在上马时，他们三四十个人，骑着马全体穿着军服，来到我的门前。事前我对他们的计划一无所知，否则我会加以劝阻，因为我生性不喜欢在任何场合摆威风。他们来了，我真十分懊恨，因为我这时无法使他们不护送我了。使事情更糟的是，当我们出发时，他们拔出了他们的指挥刀，一路上骑着马露刃前进。有人就这件事写了一个报告寄给领主，他大为不快。当他在宾夕法尼亚州时，他从来没有受过这样隆重的敬礼，他的州长们也从未享受这样的敬意。他说只有王室的亲王才配受这样的敬礼。这也许是真的，但是我不大知道。无论是过去或现在，对这种事情的礼节我都是外行。

这种举动却大大地增添了领主对我的敌意。由于我在州议会中有关他财产免税方面的言行，在这以前他本来已经很记恨我了。我一直激烈地反对这种免税，而且我还严厉地斥责他在要求这种特权时所表现的卑鄙无耻的不义行为。他向内阁控告我，说我对英王军务的完成是一个巨大障碍，说我利用在州议会中的势力反对通过合适的筹款议案。他还以我跟我的军官们列队游行的事作为例证，说明我企图使用武力从他手中夺取宾州的政权。他请求邮务总长依福拉·福根纳爵士免除我的职务，但他的一切都徒劳了，结果只博得了依福拉爵士的一顿委婉训诫而已。

尽管州长与州议会间不断发生矛盾，作为一个议员，我在争论中履行自己的职责，但我与州长之间却仍然保持着一种谦恭有礼的关系，我们之间从未发生过私人的嫌隙。有时候我想他之所以对我不抱怨或很少抱怨，可能是一种职业习惯的结果，因为大家都知道对他咨文的复文是我执笔的。他受过律师的训练，他也许认为我们两人只是诉讼中争执双方的律师而已，他代表领主，而我代表州议会。因此，有时候他到我家里来做一次友好的访问，要我对一些疑难问题提些意见，他有时也接受我的劝告，虽然这是不常有的事。

我们共同合作替布拉多克的部队采购粮草。当获知他失利的可怕消息后，州长急匆匆地召我去见他，跟他共同商谈防止边陲城镇居民逃亡的方法。现在我记不起当时我建议了什么，但是我想我曾经建议他应当写信给丹巴，要他如果可能的话暂时把部队驻扎在边境上，以保护边区居民，等到各殖民地的援兵一到，他或许可以继续进行征伐。既然我从边区回来了，他可以命令我用殖民地军队去进行征伐，去攻占迪凯纳，如果丹巴和他的部队忙于攻打其他地区的话。他提议任命我为将军。我对于自己军事才能的评价逊于他口头上对我的评价，并且我相信他口头上的评价一定高过他真正的想法，但是也许他以为我的名望会有助于士兵的征集，我在州议会中的势力会有助于州议会的拨款来支付军饷，并且或许此项拨款可以豁免领主财产的纳税。当他发现我并不像他预料的那样热衷于此的时候，这一计划就被搁置了。不久以后他就离职了，继任者是丹尼上尉。

第六章

英伦之行

从事电学研究

在我继续讲述我在这位新州长任内所从事的政治活动之前，我先讲讲我在学术研究方面取得的蒸蒸日上的名声。

1746年，当我在波士顿时，我在那里遇见了斯宾斯博士，他刚从苏格兰来，他做给我看一些电学方面的试验。这些试验做得不很完美，因为他的技术不很熟练，但是因为这个题目对于我是全新的，所以它们使我感到又惊又喜。我回到费城不久，我们的会员图书馆从伦敦皇家协会的一个会员科林森先生那里收到了一根玻璃管作为礼品，并附有说明书，解释做这种实验时使用玻璃管的方法。我热心地乘机重复我在波士顿看到的试验。经过多次练习以后，我也能很迅速熟练地做那些由英国寄来的书报中提到的实验了，同时我添加了几个新的实验。我经过了多次练习，因为在一个时期内我家经常客满，人们聚集来看这些新鲜的玩意儿。

　　为了使朋友们也能够做实验，我让玻璃厂制造了几根类似的玻璃管。这样，这些朋友也有了做实验的设备了，所以到了后来我们就有了好几个做实验的表演者了。在这些人中间，金纳斯利先生是最主要的，他是我的邻居，很有才能，由于他当时正失业，我就鼓励他表演这种实验来赚钱，并且我替他撰写了两篇演讲稿，阐述了实验的先后顺序，以及操作方法的说明，方便观众连贯地加以理解。为了这个目的他购买了一套漂亮精致的仪器，以前我自己制造的那些都是粗糙的小物件，现在都由仪器制造商做得很漂亮了。观看他表演的人很多，也大为满意。过了一些时候，他周游各殖民地，在各主要城镇表演实验，因此赚了一些钱。在西印度群岛，做这些实验可确实不容易，因为那里的空气很潮湿。

　　由于科林森先生赠送给我们那根玻璃管和其他物品，我们对他很感激，因此我觉得我应当告诉他我们用玻璃管做实验所获得的成就，我就给他写了几封信，报告我们所做的实验。他在皇家学会中宣读了我的报告。皇家学会起初以为这些报告没有重大价值，不值得在他们的社刊中发表。我曾经替金纳斯利写了一篇论文，说明闪电和电是同一体，我把这篇论文寄给我的一个朋友米切尔博士，他也是皇家学会的会员。他告诉我说，这篇论文已经在学会中宣读过了，但是只受到了那些行家的嘲笑。有人把这些论文给福瑟吉尔博士看，他却认为它们很有价值，不应使之埋没，他建议把它们印出来。后来科林森先生把它们交给盖夫，要他在他的《绅士杂志》中发表，但是盖夫决定用小册子单独发表，福瑟吉尔博士还写了一篇序文。看来盖夫的生意经算盘是打对了，因为加上后来陆续寄去的文章，这本论文集变成了一本厚厚的四开本，出了5版，可是稿费他却分文不承担。

但是，这些论文在一个时期内在英国并未引起广泛的注意。一位有真才实学的驰名法国和全欧的科学家德保丰爵士，一次偶然的机会看到了这本论文集，他就促使达利巴德先生把它译成法文，并在巴黎出版。这一法文版的发行却激怒了宫廷科学导师诺莱神父。他是一个能干的实验科学家，他在以前已经发表了一个关于电气的理论，当时甚为流行。他起初不能相信这些论文是从美洲来的，他说这必然是他的论敌们为了贬损他的学说而在巴黎捏造出来的。到了后来，他知道了：尽管他以前怀疑过，在费城却真有一个叫富兰克林这样的人。他写了许多信，这些信主要是写给我的。在信里他替他的学说辩护，否认我的实验和从实验中获得的结论的真实性。

有一段时间我打算回信，而且已经开了一个头，但是仔细一想，我的论文讲述了实验的方法，任何人都可以重复核对，如果实验不能核实，空辩又有何用，论文里的意见是仅仅作为假设臆测提出来的，并不是武断的教条，因此我根本没有必要去辩护。同时我想到两个人使用着不同的语言，二者之间的争辩，由于翻译上的错误或由歧义所引起的相互间的误解，可能被无限延续放大，这位神父有一封信中的大部分的话就是由于译文中的一个错误而引起的，因此我就决定不去替这些论文辩护，我认为与其去替已经做过的实验辩护，不如把我的时间用来做新的实验吧。所以我从来没有回复过诺莱先生的信，以后的事态发展也证明我不回驳他的信是对的，因为我的朋友、皇家科学协会会员李罗先生出来替我辩护，驳斥了他的论点。我的论文集译成了意大利文、德文和拉丁文，书中的学说也逐渐为欧洲的科学家们普遍采纳，他们抛弃了诺莱神父的学说。

使得我的书籍疾速和广泛地引起人们注意的，是书中所建议的一个实验的成功，这个实验的目的是把云中的闪电引到地上来，是达利巴德和德罗两位先生在法国的马尔利做的，这件事轰动一时，闻名遐迩。德罗先生拥有一个实验室，并且讲授实验科学，他就着手重复他所谓的"费城实验"，在国王和王后面前表演过以后，巴黎全城爱看热闹的人都蜂拥而至了。关于这个重要试验的经过，以及不久以后我在费城用一只风筝做的一个类似的实验（实验获得成功，因此使我感到无限快慰），这两件事电学史上都有着详细的记载，在这里我就不再啰唆了。

一个叫作赖特的英国医生，当他在巴黎的时候写信给他的朋友（一个皇家学会的会员），告诉他国外的学术界非常重视我的实验，外国的学者不了解为什么我的著作在英国反而没有引起关注。接到了这个消息以后，皇家学会才重新考虑以前在会中宣读过的通讯。著名的沃森博士把过去曾经宣读过的和从那时以后我寄到英国去的一切有关电气的通讯做了一个扼要的报告，并且对我赞扬备至。这个报告以后就发表在他们的社刊上。有一些在伦敦的会员，特别是才智聪睿的坎顿先生，都证实了用一个尖针可以把云端的闪电引下来，他们也把结果报告给皇家学会。不久皇家学会就纠正了他们初期忽视了我的错误，并且对我十分优待，没有经过我申请，他们自动地选举我为皇家学会会员，授予给我这个荣誉，并且决议豁免我缴纳例行的25个金币的入会费，此后他们一直免费赠送给我他们的社刊。同时他们还赠与我1753年戈弗雷·科普利爵士的金质奖章，在颁发奖章的典礼上，学会会长麦克莱斯菲尔德勋爵还发表了一篇非常客气的演说，对我推崇备至。上述皇家学会的奖章由我们的新州长丹尼上尉替我带到美洲来，在费城为他举行的招待会上他把奖章转交给我。在授奖时他对我表达了他的敬意，措辞非常客气，他说他对我的品德闻名已久了。

重任在肩

饭后，当参加宴会的人按照当时的习惯正在饮酒的时候，他把我拉到另外一间屋里，告诉我说他在英国的朋友们劝他跟我交往，他们说我能够给他最好的忠告，最能够协助他使得他的执政一帆风顺，因此他说他极愿与我友好相处，他要我知道在任何时候他都愿意尽力为我效劳。他还对我说了许多关于领主对于宾州具有善良意图的话，他说如果长期以来存在的对领主各项措施的反抗能够被放弃，使得领主与他的臣民能够言归于好的话，这对我们大家，特别对我，都会有好处。能够促成这种形势的，他说大家认为非我莫属，而且我可以获得适当的酬谢和报答等等。饮酒的人看到我们迟迟不归，叫人送来了一瓶白葡萄酒。州长就痛饮起来，酒喝得愈多，他的恳求和许愿也就愈多。

我回答如下：我说感谢上帝，我的经济状况很好，不需要领主给我任何的恩赐。同时，作为一个议员，我也无法接受领主的任何赏赐，但是，我说我和领主之间并无个人的过节，任何时候只要他所提出的公共措施符合人民的利益，我一定会比别人更热烈地加以拥护和赞助。我过去之所以反对，是由于领主所提倡的措施显然只为他们自己的私利，严重地损害了人民的利益。我说我十分感激他（州长）对我表示的好意，他可以相信，我将尽我的力量使他的执政尽可能地顺利，同时我希望他没有像他的前任那样带着不幸的指示来，这种指示曾经使他的前任束手无策。

关于这一点他当时不加解释，但是在他后来开始与州议会办事时，这个指示又显现了。双方的争执又恢复了，而我还像过去一样地积极抵制，因为第一次要求州长把领主指示通知州议会的请求是我起草的，以后对于这些指示的意见也是我执笔的。这两个文件，可以在当时的表决案中和我后来发表的历史记录中找到。但是在我俩私人之间却并没有发生过任何仇恨，我们常常见面，他是一个学者，到过世界许多地方，谈吐风趣幽默。他第一个告诉我，我的老友詹姆斯·拉尔夫还活着，他被认为是英国最卓越的政论家之一，他在腓特烈亲王和国王的纠纷中曾被雇用过，因此获得了一年300镑的恩俸。作为一个诗人他的声誉确实是微不足道的，蒲柏在他的"愚人叙事诗"中曾经攻击过他的诗，但是他的散文却被认为是一流的。州议会终于发现领主执迷不悟地坚持用指示束缚他们的代理人州长，这种指示不但违反人民的利益，而且对英王的军务也有妨害，因此州议会全体一致决定向国王去控告他们，指定我为州议会的代理人，到英国去提出请愿和进行活动。在这以前州议会曾经向州长送去一个议案，这个议案拨款六万镑给英王使用（其中一万镑可由当时的将军劳登勋爵使用），但是州长按照领主的指示坚决地拒绝予以批准。

我已经和一艘纽约邮船的摩理斯船主约好坐他的船去英国，我的日常必需品已经送上船去了，这时劳登勋爵忽然到费城来了，据他说，是特意来设法替州长和州议会调解的，使得英王的军务不至于因两者间的分歧而遭受到可能的阻碍。因此他要求我和州长跟他会面，使他可以听到双方的陈述。我们见了面，讨论了这个问题。我代表州议会提出了当时政府文件中指出的各种理由，这些文件是我起草的，印在州议会的记录里。州长却用他领主的指示来辩护，他说他曾经担保遵守领主的指示，如果他违背了这些指示，他就什么都完了，但是好像他并不是不愿意去冒险一试，如果劳登勋爵劝他不遵守这些指示的话。可是劳登勋爵却不肯劝他，虽然我一度以为我几乎已经说服他了，但是最后他宁可敦促州议会顺从州长的意志，他恳求我利用我在州议会中的势力来达到这个目的，他声言他不能调派英王的军队来保卫我们的边疆，如果我们自己继续不做防御准备，我们的边境就必然容易遭受敌人的袭击。

我把经过的情形报告给州议会，向他们提出了我起草的一系列表决案，表决案申明我们的权利，声言我们决不放弃这种权利，这一次为暴力所逼，我们只是暂时停止行使这种权利，并且我们对这种暴力提出了抗议。最后州议会同意收回原来的议案，另外通过了一个符合领主指示的议案。这个议案州长当然批准了，因此接着我就可以渡海出国去了。

波折启程

但这时，那只邮船已经载着我船中食粮开走了，这对我是一笔损失，我唯一的酬劳是劳登勋爵感谢我帮助的几句话，这次调解的功劳却全是他的。他在我之前先动身到纽约去了，因为邮船出发的时间是由他安排的。这时候有两只船在港内，其中有一只他说不久就要起航。我请他告诉我起航的确切日期，使我不至于因为我的耽搁而误了船期，他回答说："我已经告诉人它将在下星期六起航，但是我可以告诉你——这句话你可不能告诉别人——如果你在星期一上午到达码头，你还来得及，可是不要再晚了。"由于在渡船上发生了一些意外的故障，当我到达时已经是星期一的中午了，我很担忧船可能已经开走了，但是我不久听到了它还在港内，要到第二天才起航，我就放心了。

大家也许以为我马上就要动身到欧洲去了，我也以为这样，但是当时我还不大了解劳登勋爵的性格，优柔寡断是他性格中最大的特点之一。我将举一些例子。我到纽约来是在4月初，我想到了6月底我们才起航。当时有两只邮船留在港内已经很久了，但是为了等待这位将军的信件，这两只邮船被扣留住了，他总是说信件第二天就可以写好。另外一只邮船来了，也被扣留住了，在我们起航之前，第四只邮船就快要来了。我们的那只最先起航，因为它留在港内最久。所有船只的舱位全都定好了，有些旅客十分焦急地渴望着动身，商人们为他们的信件担忧，为他们替秋季货品上保险的申请单担忧（因为这是战时）。但是他们的焦虑毫无用处，劳登勋爵的信还没有写好。去拜访他的人却看见他整日伏在案头，手里拿着笔，总以为他要写的东西一定很多呢。

有一天上午我自己去向他问候，我在他的会客室里看到了从费城来的一个叫作英尼斯的使者，他是特地从费城来递交丹尼州长给将军的一个小包裹的。他交给我几封费城朋友的来信，我就问他什么时候回去，耽搁在什么地方，以便我可以托他带几封信回去。他说将军命令他第二天上午9时来取将军给州长的回信，然后立刻动身。我在当天就把信交给他。两个星期以后我又在老地方遇见了他。"你好，英尼斯你这么快又回来了？""回来了？不，我还没有去呢！""这是怎么一回事？""这两个星期以来我每天上午奉命到这里来拿劳登勋爵的信，信总是还没有写好。""这怎么会呢？他是这样一个勤于动笔的人，我看他不断地伏在案头写呢！"英尼斯说："是呀，但是他活像广告上的圣乔治一样，永远骑在马上，却寸步不前。"这位使者的观察似乎是颇有道理的，因为当我在英国的时候，我听到皮特先生撤换这位将军，派遣安麦斯特和沃尔夫两位将军，他的一个理由就是陆军部长从未接到他的报告，无法知道他在干些什么。

由于每天期待着起航，同时三艘邮船都要开到桑迪胡克去跟随舰队，乘客们认为最好是守在船上，万一邮船突然接到命令起航，他们也就不会被丢在岸上了。假如我没有记错的话，我们在船上就这样呆了约6个星期，消耗了船中粮食，不得不又去添购。

最后舰队终于起航了，那位将军和他的部队都坐了船到路易斯堡去了，目的是去围攻和夺取那个要塞，所有随行的邮船接到命令要伺候将军的坐船，等到他的公文一写好就可立刻接过来。我们在海上等了5天，才接到一封公文，准许我们离开，到了这时候我们的船才离开舰队，奔赴英国。其他两只邮船他继续扣留着，把它们带到哈利法克斯，在那里他停留了一段时间，训练他的部队向假想的炮台进行攻击演习，接着他放弃了攻打路易斯堡的计划，带着全部人马跟上述两只邮船和船上的全体乘客回到纽约去了。在他离开大陆期间，法国人和印第安人攻下了纽约边境上的乔治堡，印第安人还屠杀了许多已经投降了的士兵。

以后在伦敦我遇见波纳尔船长，他当时指挥了其中的一只邮船。他告诉我说，当他被扣留了一个月以后，他告诉劳登勋爵他的船底长满了海藻、贝壳等物，已经到了必然会影响它的航行速度的程度，这对邮船来说是很严重的，因此请求允许给他一些时间，以便把船拉起来清除船底。将军问他需要多少时间，他回答说3天。将军回答说："如果你能够一天就搞好，我就答应，否则不行，因为后天你一定要起航了。"这样这位船长的请求从未获得批准，虽然事后这只船一天又一天地被扣留了足足3个月之久。

多點的劳登

在伦敦我也遇见了波纳尔船长的一位乘客，因为劳登勋爵欺骗了他，把他长期扣留在纽约，以后把他带到哈利法克斯，又把他带回纽约，他气愤极了，发誓要提出诉讼，请求赔偿损失。究竟他以后是否提出了诉讼，我不知道，但是根据他所讲的，他所遭受的损失是十分巨大的。

我觉得十分奇怪，为什么人们会把像指挥大军那样的重大任务托付给劳登这样一个不靠谱的人。后来我阅世愈深，知道了他攫取职位的方法和封官赐禄的动机之后，我就不再惊奇了。在我看来，如果继布拉多克而掌握军权的雪莉将军不被免职的话，在1757年的战役中，战绩一定会好得多，而劳登勋爵在这次战役中却轻举妄动、铺张浪费，使我们的国家民族遭受到难以想象的耻辱，因为虽然雪莉并未受过军事教育，但是他通情达理、精明机警，能够接受别人正确的劝告，决断英明，执行计划时迅速敏捷。劳登不用他的大军去保卫殖民地，而让他们去遭受敌人的侵袭，可是他自己却不务正业地在哈利法克斯练兵，这样就丢掉了乔治堡。他搅乱了我们所有的商业活动，长期禁运粮食出口，因而使我们的商业感到走投无路。

虽然禁运粮食出口的借口是为了不使敌人获得粮草，但在实际上只是为了压低粮价，以便军中伙食承包人可以从中渔利，据说（可能这只是猜疑）他还接受了承包人的贿赂。最后当禁运令撤销时，因为忘了把这个通知送到查尔斯镇去，使北卡罗来纳州的舰队多停留了几乎3个月之久，因此使得它们船底严重地受到了蛀虫的侵蚀，以致其中一大部分船只在归途中沉没了。

对于一个不懂军事的人，指挥一支大军必然是一个极沉重的负担，因此我相信雪莉被免职，他自己倒也是希望如此的。我参加了劳登勋爵接任时纽约市民为他举行的宴会。雪莉虽然已经被免职了，但也出席了宴会。当时有很多军官、市民和陌生人出席，有一些椅子是向邻近居民借来的，其中有一把椅子很低，却想不到雪莉恰巧坐在上面。我坐在他旁边看到了，我就说："先生，他们给你的座位太低了。"他说："没有关系，富兰克林先生，我觉得低的座位最舒适。"

在我逗留纽约的上述期间，我收到了我替布拉多克采办粮草等物资的各种账单，在这以前，其中有些账单我还来不及从我所雇用的各采办员那里收回，我把账单送到劳登勋爵处，请求付偿余额。他命令主管人员对这些账单加以彻底的审查，那位军官核对每一张付款凭单以后，证明账目和差额准确无误，劳登勋爵就应允给我一张发款员的支票，但是他一再拖延，虽然我经常按照约定时间去取，却一直没有拿到。最后，在我动身前，他告诉我说经过仔细考虑以后，他决定不把他的账款和他前任的账款混在一起。他说："你到了英国，只要把你的账单呈送国库，他们马上就会把余款还给你的。"

我提到（但是毫无效果）我被迫长期逗留在纽约，因而使我不得不支出巨大而意外的费用，所以我要求立即付款。我指出我办理采购并未支取佣金，因此他们应当立即偿还我垫付的款项，不应当再增加我的麻烦，也不应当再事拖延。听到这句话，他说："唉，先生，你不要以为你能使我们相信你没有得到什么好处，这些事情我们很了解，我们知道所有与军队采办有关的人都有办法中饱私囊。"我力图使他确信我的情况并非如此，我并没有因此赚一文钱，但是他显然不相信我的话，以后我确实听说有人常从这种工作中发了大财。

一路航行

在我们起航前，我们的船长吹嘘他那只船速度快，但是很不幸，航行一开始，它是96只船中跑得最慢的，船长也非常懊恼。船速慢的原因，船长做了许多猜测，他认为是船首太重了。有一次我们靠近另外一只几乎跟我们一样慢的船，但是那只船却追上我们了，这时船长命令全体人员，包括乘客，一共约40人都跑到船尾去，尽可能地站在旗杆附近。当我们站在船尾时，船的速度变快了，一会儿就把那只船远远地甩在了后面，这清楚地证明了船长的猜想是正确的。船长看到大桶的水都堆放在船首，因此他命令把这些水桶搬到船尾，真见效，这船恢复了它原本的航速，成为全队中速度最快的。

　　船长说这船的速度纪录曾达到过13海里，也就是说每小时13海里。船上的乘客中有一位叫肯尼迪的海军上校，他争辩说这是不可能的，没有船能开得这么快，一定是船长把测速绳的标度弄错了，或是测速时出了毛病。他们两个就打了赌，等待有足够风力的时候就可分出胜负。于是肯尼迪仔细端详那根测速绳，认为满意以后，他就决定亲自动手来测量。于是过了几天，当风力很强时，邮船的船长劳特威说他相信当时船行的速度是13海里，肯尼迪就进行了测量，结果他承认自己赌输了。

　　我说上面这个事是为了说明下面这一点。作为造船术上的一个缺点，据说一只新船造好后，究竟它是否性能优良，得等到下水试航后才能知道。因为尽管你严格地按照一只好船的模型去仿造，新船造好下水后，结果可能会很差。我想这一部分是由于海员们对于装货、装帆和驶帆的方式各有千秋，每人有他自己的一套方法。同一只船，按照一个船长的判断和命令装货，行驶起来会比它在另外一个船长的指挥下来得快或慢。并且从来没有一只船是由同一人制造、装备和驾驶的。一个人造船身，另一个人装帆，第三个人装货和驾驶。他们当中没有一个人能够完全了解其他人的思想和经验，因此当这几方面合起来的时候，就很难得到正确的结论了。

　　即使在海上的简单驾驶操作方面，虽然风力无变化，我也常常看到在不同值班时间里，不同船员的操作方法不同。一个船员比另一个船员把帆篷扯转得多一些或少一些，因此似乎并没有一定可遵

循的规程。但我想或许可以做一系列的实验：首先，决定最适合于
速航的船身式样；其次，桅杆最合适的尺寸和放置桅杆最合适的位
置；按着帆篷的式样、数量和跟着风向的不同各种扯帆的方式；最后，
装货的方法。现在是实验时代，我想做这样一系列设计精确和相互
配合起来的实验，是大有裨益的。因此，我相信在不久的将来，一
些聪明的科学家会从事这种研究，我祝他们成功！

在海上我们几次受到了敌人的追击，但是我们比谁都走得快，在
30 天之内我们驶到浅水区了。我们的航海测量很准确，船长根据他的
判断，把我们带到非常靠近我们的港口法尔茅斯的地方，如果我们在
夜里迅速航行，在早晨我们或许就停在港口了，并且夜间航行可以避
免敌方私掠船的骚扰，因为它们常在海峡口附近巡逻。于是我们扯起
了所有的帆，因为那天风力很强，我们向前直驶，速度很快。船长在
测量以后决定了航线，以为一定可以远远地避开英格兰西南部的锡利
群岛。但是在威尔士和爱尔兰之间的圣乔治海峡里，似乎有时候有一
股强烈的向岸流，它经常使海员上当，曾经使得克劳斯莱·萧佛尔爵
士的舰队覆没。这股向岸流或许就是我们遇到事故的原因。我们有一
个看守人在船首部位盯着，他们常向他叫喊"仔细看前面的地方"，他
就回答："是，是！"但是可能这时候他打瞌睡，据说他们有时候只是
机械地回答，因为在我们前面的灯他却没有看见。这个灯被副帆遮住了，
所以掌舵的和其他值班的人都没有看到，但是由于船身偶然一偏，他
们发现了这个灯，因此大惊失色，因为我们离这个灯已经很近了，灯
光看去大似车轮。这时正是午夜，我们的船长正在酣睡，但是肯尼迪
上校跳上甲板，看到了危险，命令掉转船头，所有风篷都扯着，这一

动作对桅杆来说是危险的，但是这样一来却使我们躲开了礁石，才得以幸免于难，因为当时我们正向着装置着灯塔的礁石驶去。这次脱险使我特别强烈地感到灯塔的效用，使我决心提倡在美洲修建更多的灯塔，如果我能生还回到美洲的话。

到了早晨，通过水深测量等方法，发现我们已经驶近我们的港口了，但是大雾弥漫，看不到陆地。大约在9点左右，浓雾才渐渐散去，好像剧院里的幕布一样，雾从水上升了起来，在幕下看到了法尔茅斯的市镇、港内的船只和四周的田野。对那些长时期以来除了单调的茫茫大海以外别无所见的人，这是一种最动人的景色，同时使我们更感到快慰的是，现在我们再不必因为战争而担忧了。

为民请命

我和我的儿子立即动身前往伦敦，一路上我们着急赶路，只稍稍在威尔特郡逗留了一下，参观了伦敦西南的索尔斯堡平原的史前石柱，以及彭布罗克勋爵的私邸、花园和他非常珍奇的古玩。1757年7月27日，我们到达了伦敦。

查理先生早已替我安排好了寓所，安顿下来后，我马上去拜访福瑟吉尔博士。有人向他大力推荐过我，同时人们也劝我向他请教他关于诉讼的程序。他反对马上控告政府，建议我们私底下先跟领主们商量，通过朋友们的调停和劝导，领主们或许愿意友好解决。接着我就去拜访我的老友——通讯员彼得·科林森先生，他告诉我那个弗吉尼亚大商人约翰·韩布雷要求他等我一到马上就通知他，他可以带我去见枢密院议长格兰维尔勋爵。这位勋爵也希望能够尽快地见到我，我同意第二天上午跟他同去。第二天一早，韩布雷先生坐着他的马车来接我，我们一同去见那位勋爵贵人。

格兰维尔勋爵非常客气地接待了我们，在询问和谈论了一些关于美洲现状的问题以后，他对我说："你们美洲人对于你们的政体有一种错误的看法：你们认为，国王对他下面的州长的训令并非法律，你们可以任意自由决定是否遵守。但是这些国王的训令，可不是那些公使出国时所带的有关礼节细节的袖珍指南，它们首先由熟谙法律的法官们起草，然后在枢密院里考虑、辩论或修改，最后由国王签署。所以这些训令，对你们而言，是国法，因为英王是'殖民地的立法者'。"我告诉勋爵，这种说法是头一次听说，因为根据我们的特许状，我一向以为我们的法律是由我们的议会制定的，这当然要呈请国王批准，但是一经批准，国王就无权废除或更改。因此虽然议会不经国王批准不能制定永久性的法律，但是不得到议会的同意，国王也不能立法。

他坚持说我是完全错误的，但我不同意。与格兰维尔勋爵的谈话，使我对于英王政府对于我们的可能想法稍稍有点担心，一回到寓所，我就把这次谈话的内容记下来。我记得大约在20年前，内阁向议会提出的议案中有一条，提议把国王的训令作为殖民地的法律，但是下院否决了内阁的这一条款，当时我们还因此爱戴他们，以为他们是我们的朋友，自由的友人。

过了几天，福瑟吉尔博士跟领主们提起了这件事，他们同意在百花园的佩恩先生家中跟我会面。谈话开始时，双方表示愿意寻求合理解决，但是我想双方心中的"合理"一词是不同的，接着就讨论我们控诉的各点，我一一加以列举。领主们尽力为他们自己的行为辩解，我也替州议会的行动辩护。当时我们双方的意见差距很大，相差十万八千里，达成一致的希望简直就不存在，但是最后，他们决定要我把我们控诉的各项用书面文字一一列出交给他们，他们答应进行考虑。

不久以后我就照办了，但是他们把我们的控诉交给他们的律师费迪南德·约翰·帕里斯，他在他们跟邻州马里兰的领主巴尔的摩勋爵的大诉讼案中，替他们办理过法律事务，这件大诉讼案已经持续了70年之久。领主们与州议会争执中的所有文件和咨文都是帕里斯执笔的。他生性傲慢，脾气暴躁，由于过去在州议会的复文中，我有时对他的那些说理浅薄、措辞蛮横的文件予以了毫不留情的抨击，这样我和他结下了矛盾，以至于每次我俩见面，他总跟见到仇人似的。

领主们提出要我和他单独讨论控诉的各项事务，我断然拒绝了，除了领主们自己以外，我不愿跟任何人谈判。后来根据帕里斯的建议，他们把我们的控诉交给检察长和副检察长，要求他们提出意见和处理办法，他们可真能拖延，这事耽搁了差8天就一整年了。在这期间我屡次向领主们要求答复，他们的回答总是他们还没有接到检察长和副检察长的意见，但是当他们接到检察长和副检察长的意见时，究竟内容是什么，我也不知道，因为他们不告诉我。他们写了一篇冗长的咨文（由帕里斯起草和签署的）寄给州议会，讲到我的控诉书，说我粗鲁无礼、措辞不当，同时也替他们自己的行为作了些浅薄的辩解，最后表示如果州议会派遣一个公正坦率的人来跟他们谈判，他们愿意和解。他们用这种方式暗示我不是这样的人。

他们所谓的措辞不当、粗鲁无礼，可能是指我写给他们的文件中，没有写上他们窃取的尊称"宾夕法尼亚州真正的绝对的领主"，我之所以没有写上是因为我认为在这个文件中没有这个必要，这个文件的目的只是在于把我口头所讲的用文字确定下来。

纳税议案

在被耽搁的期间，州议会已经说服了丹尼州长通过一个议案，领主们的财产要像人民的财产一样纳税，这是争执中的焦点，州议会也不答复领主们的咨文了。当这个议案送到英国来的时候，领主们根据帕里斯的建议，决定反对由国王加以批准。于是他们在枢密院里向国王请愿，接着枢密院就定期审案，领主们雇用了两个律师反对这个议案，我则雇用两个律师拥护这个议案。他们供述这个议案的目的是使领主的财产负担过重的捐税，以便减轻人民的负担。如果这个法律继续有效，由于人民对领主有反感，领主们在捐税负担方面就只好由人民任意摆布，他们必然会破产。我们说这个议案并没有这样的企图，结果也绝不会如此，我们说估税员都是诚实和谨慎的人，他们立誓要公平合理地估税，如果增加了领主们的税额，他们每人从减轻自己的捐税中，所能期望得到的利益是非常渺小的，他们决不至于因此毁誓背约。

根据我的记忆，这是双方陈词的要旨，此外我们强调放弃这一法案的危险后果，因为我们已经发行了十万镑金额的纸币，供给英王使用，用于英王军务，现在纸币已经在民间流通，法案一旦否决，在人民手中的纸币就成了废纸了，许多人会因此而破产，将来要发行补助金就完全没有把握了。我们强调领主们损人利己的品质，仅仅因为他们无中生有地害怕他们的财产会负担过重的捐税，他们就教唆他人造成这样巨大的灾难。讲到这里，枢密院的一位大臣曼斯菲尔德勋爵站了起来，向我招招手，当律师们正在进行辩论时，把我拉到秘书室里，问我是否真正相信在执行这法案时，领主的财产不致受到歧视。接着他把帕里斯叫了进来，经过一些讨论以后，双方接受了曼斯菲尔德勋爵的建议。

枢密院的秘书就起草了这样一个文件，我和查理先生在上面签了字，查理先生是宾州的代理人，处理日常事务，然后曼斯菲尔德勋爵回到了枢密院会议室，最后这条法案就批准了。但是枢密院建议作某些修正，我们也保证把这些修正放在附随法里，但是州议会认为无此必要，因为在枢密院的命令到达之前，这个法案的第一年捐税已经征收了。州议会指定了一个委员会检查估税员的工作，他们委任了几个领主们的密友作为委员。经过了详细的调查以后，他们全体一致地签署了一个报告，证明估税工作是完全公平无私的。

对于我参与订立的契约的第一部分，州议会认为是对宾州的一个重大贡献，因为它巩固了分布在全国各处的纸币的信用，当我回到宾州时，他们正式向我表示感谢。但是领主们恨极了批准这一议案的丹尼州长，于是撤销了州长的职务，威胁着要控告他违背了立约遵守的指示。但是州长是奉将军之命而执行的，并且是为了英王的军务，同时他在英国宫廷里也认识一些有权势的人，因此他不把这些威胁放在眼里，这事也就不了了之，没有了下文。

富兰克林年表

1706年出生于北美马萨诸塞州的波士顿城一个小商人家庭。

1714年进语法学校学习。

1716年中断学业，帮助父亲打理家业。

1718年开始做其兄詹姆斯的学徒，从事印刷业。

1721年开始匿名向《新英格兰报》投稿，并做过该报临时编辑。

1723年毁学徒契约，前往费城，当印刷工。

1724年为独立创业赴伦敦居住19个月，当印刷工；发表论文《自由与贫困、快乐与痛苦论》。

1726年返回费城，先当店员，后当印刷所工头。

1727年创办"讲读社"，研究社会科学、自然科学的各种问题。

1728年和人合办印刷所。

1729年创办《宾夕法尼亚报》；开办文具店；出版《试论纸币的性质和必要性》。

1730年和瑞贝卡·瑞德结婚；其子威廉出生。

1731年创办费城图书馆。

1732年出版《穷理查智慧书》创刊号。

1733年开始自学法语、意大利语、西班牙语和拉丁语。

1736年担任宾夕法尼亚州议会文书；组建费城联合救火队。

1737年就任费城邮政局长；筹划费城警务。

1742年发明"开炉"。

1743年女儿萨拉出生。

1744年创办"美洲哲学学会",自任秘书。

1746年发表《平凡的真理》;组建费城的国民自卫队;开始电学实验。

1747年通过各种电学实验,在电学理论上取得重大突破。

1748年改印刷所为合伙经营;当选宾州议会议员。

1749年创办费列得尔费亚学院。

1751年帮助创办费城医院。

1752年做天电传蓄试验——费城电风筝试验;发明避雷针;《电学实验与观察》被发表。

1753年因电学研究成果获英国皇家学会的科普利金质奖,被推举为皇家学会会员;被耶鲁大学、哈佛大学授予硕士学位;与人合任北美邮政总长。

1754年作为宾州代表出席在奥尔巴尼召开的殖民地代表会议,提出著名的"奥尔巴尼联盟计划"。

1755年任费城国民自卫军指挥官。

1757年发表《致富之路》(《老者亚伯拉罕的讲话》);在议会提案建议铺设费城街道;作为宾州议会代表赴英请愿,反对领主在殖民地的免税特权。

1759年被安德鲁大学授予荣誉博士学位。

1760年通过努力使英国王室枢密院决定,殖民地领主的产业必须同样纳税。

1762年发明玻璃琴,流行欧美数十年;被牛津大学授予民法博士学位;返回费城;其子任纽泽西州长。

1763年巡视北部殖民地邮政，开始改革邮政；反对屠杀一切印第安人，撰写《近来兰开斯特郡一些与本省友好的印第安人惨遭来历不明的人屠杀的实录，及关于这种事情的意见》。

1764年在宾州议会选举中败于激进派；作为宾州议会代理人赴英请愿，反对领主劣政。

1766年在英国下院为废止印花税一事答辩，促进了印花税法案的废除；出访汉诺威；当选汉诺威皇家科学学会会员。

1767年初次旅法，受法国国王接见；受命再任宾州议会代理人；开始筹划实现美洲殖民地西部领土计划。

1768年受托担任乔治亚州议会代理人；发表《1768年前美洲人不满之原因》；做关于船速在深水、浅水中变化的实验；开始研究语音学和拼写改革。

1769年受托担任纽泽西州议会代理人；再次访法；出版第4版《电学实验与观察》，增加了《哲学题目信件集》。

1770年受托担任马萨诸塞州议会代理人；发表讽喻英美关系的《鹰与猫》等寓言三则。

1771年游历英伦三岛；访泰福德的希普利主教；开始写自传。

1772年当选法兰西皇家科学院"外国会员"；避雷针尖头、钝头之争。

1773年发表《普鲁士王之敕令》；《电学实验与观察》法文版出版；做用油平海浪实验；研究感冒病因。

1774年"赫金森信札"事发，被解除北美邮政总长之职；结识并介绍托马斯·潘恩赴美；开始和几方面英国政要共同做调和英美矛盾的努力；第5版（最后一版）《电学实验与观察》出版；用油平息海浪的实验报告发表；妻子瑞贝卡去世。

1775年向英呈交《调回驻波士顿驻军的方案》，遭到拒绝；返回费城，途中研究海湾海流；当选北美殖民地第二次大陆会议代表；担任宾州治安委员会委员；和潘恩共同起草宾州宪法；和儿子、加洛维分道扬镳。

1776年参加起草《独立宣言》，宣言通过后，任美利坚合众国邮政总长；当选宾州制宪委员会主席；参加同英国将领豪的会谈；奉大陆会议派遣出使法国，途中研究海湾海流。

1777年继续从事电学研究。

1778年缔结《美法友好通商条约》和《美法同盟条约》；与伏尔泰见面；发表关于北极光的论文。

1779年受命任驻法全权大使；出版《政治、哲学论文杂集》；发表改革了的字母表。

1780年德文版选集（三卷）出版；发明双光眼镜；研究空气湿度。

1781年成为波士顿的“美洲科学艺术学会”会员。

1783年英美缔结《巴黎和约》，英国承认北美13州独立；入选爱丁堡皇家学会会员。

1784年发表《移居美国须知》《评北美洲野蛮人》。

1785年返美；当选宾州州长（1785—1787年三年连任）；发明高架取书器；重续自传（1785—1786年）。

1787年参加联邦宪法会议，促成宪法通过；“政治研讨学会”成立，担任会长；担任“宾夕法尼亚促进废奴协会”主席。

1788年退出政治生活，立遗嘱。

1789年撰写《关于奴隶贸易》。

1790年逝世于费城（4月17日）。

"他从天空抓取雷电，从暴君手中赢得民权。"

"印刷工——本杰明·富兰克林。"